PARALLÈLE

ENTRE

CÉSAR, CHARLEMAGNE

ET

NAPOLÉON

L'EMPIRE ET LA DÉMOCRATIE,

PHILOSOPHIE DE LA LÉGENDE IMPÉRIALE.

Paris. — Typographie de Henri Plon, imprimeur de l'Empereur,
8, rue Garancière.

PARALLÈLE

ENTRE

CÉSAR, CHARLEMAGNE

ET

NAPOLÉON.

L'EMPIRE ET LA DÉMOCRATIE.

PHILOSOPHIE DE LA LÉGENDE IMPÉRIALE

PAR

M. HIPPOLYTE CASTILLE.

PARIS.
HENRI PLON, IMPRIMEUR-ÉDITEUR,
RUE GARANCIÈRE, 8.

1858

AVANT-PROPOS.

« Vous soutenez avec une grande habileté le principe d'autorité, » nous écrivait, il y a quelques années, un ami qui venait de lire les premières études que nous imprimons aujourd'hui. « Vous le savez, ajoutait-il, nous avons toujours affirmé comme notre croyance la plus chère le principe de liberté. Votre travail est gouvernemental. »

Les pages suivantes, sauf l'examen de la vie de Napoléon Ier, sont en effet écrites depuis six ou sept ans. L'auteur n'a rien à y changer pour les publier aujourd'hui.

Par les logiques déductions du principe d'autorité qu'il a toujours professé, il a été amené à reconnaître, dans la France actuelle, au point de vue des intérêts nationaux et démocratiques, la supériorité du régime impérial sur les autres formes de gouvernement.

Si l'auteur n'a pas plus tôt publié ces pages, c'est qu'il ne lui convenait pas de le faire dans un temps où l'on aurait pu y voir de sa part autre chose qu'une simple évolution de l'intelligence.

Il a patiemment attendu la maturité des convictions qui se formaient en lui, par l'étude constante de l'histoire, par la recherche du régime et des institutions les plus favorables à la cause nationale, au développement des principes de la révolution française et à l'organisation du prolétariat. Et quand la pacification complète des esprits a été accomplie, quand il lui a été démontré que nul intérêt de carrière n'est supposable au temps actuel où tous les cadres de l'État sont remplis, et que rien, par conséquent, ne peut infirmer la valeur morale de son adhésion, il s'est décidé à livrer à la publicité le fruit de ses méditations.

Paris, juillet 1858.

INTRODUCTION.

C'est à la jeunesse qu'on offre cette légende qui eut Rome pour berceau, et qui, traversant les âges, s'est complétée au dix-neuvième siècle dans le génie césarien de Napoléon et dans la plus formidable épopée qu'ait produite le poëte-humanité.

On l'offre non pas à la jeunesse d'hier, car elle a dépéri corps et âme sous l'action délétère d'une politique éperdue;

Mais à la jeunesse d'aujourd'hui, à celle dont la sereine pensée n'a pas été troublée par les incantations funestes de ces sorcières de Macbeth qui allumèrent l'incendie de nos discordes civiles; à la jeunesse qui, libre du fardeau de nos haines, entre d'une aile joyeuse dans les sphères de l'ordre nouveau;

A la jeunesse studieuse qui lutte sur le champ de bataille de la science, et à la jeunesse pauvre et ignorante à qui le dévouement, l'enthousiasme et l'énergie font un cortége de flambeaux divins;

A la jeunesse esprit, souffle inspirateur, qui

enflammait l'âme des conscrits de Lodi, de Bautzen et de Lutzen, quand, demi-nus, ignorants et mal armés, ils vainquirent les légions de l'Europe coalisée!

La jeunesse c'est le sentiment et l'action.

La jeunesse possède au cœur cette foi qui transporte dans les lieux élevés, au-dessus des vallées impures.

La jeunesse porte dans sa poitrine le foyer de l'enthousiasme, père des miracles et des victoires.

La jeunesse marche libre et confiante dans sa bonne foi, dans son courage, dans son désintéressement.

La jeunesse a conservé au milieu de nous, et conservera toujours, la grande vertu, la vertu par excellence, la vertu qui soutient la Pologne sanglante et meurtrie dans sa lutte pour la liberté: l'espérance!

Quand le siècle, comme un vieillard chargé de jours, voulait se coucher dans la tombe, quand saturé de la vie il appelait le repos dans la mort, la jeunesse le relevait : pour lui point de sommeil, point de repos!

La jeunesse ne se traîne pas dans les sentiers du relatif. Elle a sa quadrature du cercle dans le cœur. Agir et penser, c'est pour elle même chose. Éclair et tonnerre, elle frappe et brille. Elle a pour muses le sentiment et la spontanéité.

Il y a surtout dans le regard, dans le geste, dans l'accent de la jeunesse française, le feu sympathique de la vie intellectuellè. C'est une joie pour le penseur qui, pareil au plongeur dans l'Océan, se laisse glisser jusqu'aux plus profonds abîmes de l'histoire et rapporte sa perle : — une idée! C'est plaisir, dis-je, d'espérer qu'à mesure qu'il dégagera de l'avalanche des siècles le principe qu'il expose, qu'à mesure qu'il avancera dans le sentier de ce long voyage, il entraînera peut-être un groupe de ces jeunes amis, que le barde Wilna ralliait jadis d'un cri éloquent, au nom de la Patrie et du bonheur commun.

Mais toute légende politique n'est qu'une broderie dont la trame contient le secret. Chacun l'interprète à sa manière. L'important est d'expliquer ce qu'on voit, ce qu'on comprend, sans réserve, ni détours.

C'est ce que l'on va faire.

I.

Laissons Dieu dans les sphères impénétrables où l'orgueil humain s'est tant de fois égaré; et posons l'hypothèse suivante :

L'univers est une force agissante disposée sur un plan général qui lui fait tirer de lui-même son propre mouvement et sa propre harmonie. Les phénomènes qui en résultent, soumis à cette loi, sont identiques par le fond, quoique éternellement variés dans la forme.

Sans cette hypothèse, il nous serait difficile de nous expliquer l'histoire des évolutions sociales dans leur variété et dans leur immuabilité.

Mais la vanité humaine est trop insatiable pour se contenter du rôle que lui assignerait la constatation d'une pareille loi. Le sentiment national, qui fut le pain politique de nos pères, n'a pas suffi à cette faim de la philosophie moderne. Le progrès limité dans l'espace de la vie d'une nation, de l'épanouissement et de la décadence d'une race, n'a plus le don de les intéresser. « Le genre humain, considéré depuis son origine, a dit Turgot, paraît aux yeux d'un philosophe un tout immense, qui lui-même a, comme chaque individu, son enfance et ses progrès. » Mais n'est-ce pas par cela même que le genre humain, comme le reste de la création, s'offre aux yeux du philosophe sous l'aspect d'un simple phénomène de vie, c'est-à-dire avec ses lois de croissance et de décroissance, avec cette nécessité imposée à toute poussière de retourner en poussière, n'est-ce pas, dis-je, pour ce motif que l'idée absolue contenue dans le mot *Progrès* ne lui est pas applicable ?

Le Progrès n'a pas de fin dans la pensée de celui

qui le conçoit. Il correspond à l'idée de l'éternité et de l'infini.

Et voyez la contradiction que ce concept porte en soi ! Si d'une part on avoue (cet aveu est implicitement articulé dans la théorie de Turgot), que son existence est éphémère, il cesse d'être l'absolu progrès, le principe éternel, il retombe dans le simple phénomène de la vie. S'il est éternel, au contraire, ne porte-t-il pas sa négation en lui-même, puisqu'il ne suffit jamais à sa tâche ? puisqu'à l'instar des Danaïdes, il emplit un tonneau sans fond ?

Le caractère des lois de l'univers est au contraire de suffire toujours à leur mission. La gravitation, l'attraction, suffisent à leur but. Ces principes physiques nous donnent l'entier d'eux-mêmes.

Le progrès ne saurait être tel qu'on le définit, qu'une dénomination factice. La loi du mouvement existe sans doute dans l'ordre moral comme dans l'ordre de la matière, mais cette loi peut exister sans qu'on la confonde avec l'utopie du progrès intégral, qui n'est qu'une pétition de principe. C'est l'orgueil humain qui altère ces lois si simples, quoique si mystérieuses, pour en créer des fantômes chers à ses illusions. La sentimentalité, la fraude, s'emparent avec audace de ces fausses doctrines. Celui qui les émet est toujours sûr d'être le bien venu parmi les sots et les fripons.

Réduit à son rôle réel, à sa signification positive, ce qu'on nomme le progrès suffit à sa destinée. Le balancier est accroché dans le cerveau humain, et la pensée se meut. Le phénomène de la vie s'accomplit dans l'ordre intellectuel, et l'homme a fait en ce monde, durant son court passage, ce qu'il pouvait et ce qu'il devait faire.

Mais lui attacher des ailes, lui composer une substance angélique, lui préparer une garnison en quelque étoile lointaine, pousser jusque dans sa rigoureuse et inévitable logique la théorie du progrès, c'est se moquer du monde. « Depuis dix ans, dit Faust, je promène çà et là mes élèves par le nez. »

Je circonscrirai même le terrain jusqu'à ce que nous ayons trouvé le sol véritable; et, ne prenant l'homme que dans sa condition terrestre, nous élèverons l'objection suivante, à savoir : que les philosophes qui prétendent faire de l'histoire de l'humanité un fait unique se développant sur le plan du progrès continu, sont forcés dès le début de procéder par pure induction.

Tout ce qu'ont dit Rousseau, Condorcet, etc., de l'origine de l'humanité, n'étant basé sur aucun document sérieux, se réduit à de simples suppositions. L'exemple des peuplades sauvages tombe si, comme le dit M. de Maistre, les sauvages ne sont que les débris de peuples déchus. Il est à remarquer d'ailleurs que les sauvages ne progressent pas, qu'ils ne forment pas de nations, qu'ils reculent au contraire devant la civilisation, que cette civilisation les tue par son seul contact. Ce n'est donc pas là qu'il faut chercher l'ancêtre. Et déjà la théorie de Condorcet, à peine commencée, s'écroule par la base.

Elle croule également par son centre, dès que l'auteur arrive à la décadence de Rome et à l'époque barbare. Dans cette sixième époque la déroute de la civilisation est flagrante. L'esprit humain redescend rapidement des hauteurs où il s'est élevé.

Il est évident qu'à cette époque il n'y a point progrès. Le génie social dépérit, se scinde et recommence, à frais nouveaux et sur des bases nouvelles, le développement d'une civilisation différente, qui, elle aussi, périra un jour, laissant derrière elle des ruines et de la poussière; léguant à peine quelques-unes de ses découvertes, quelques-uns de ses chefs-d'œuvre d'art et de poésie, quelques-uns de ces principes que la société suivante ne tardera pas à modifier, à dénaturer, en cherchant à se les assimiler, qu'elle anéantira en les diversifiant.

Qu'est-ce que le progrès, s'il n'aboutit pas à la destruction du mal? Et qu'est-ce que la destruction du mal, sinon une conception arbitraire? Que la théologie, s'appuyant sur des textes sacrés, affirme que la postérité de la femme écrasera un jour le serpent, j'y puis voir une promesse symbolique pour la vie future, un idéal, non une réalité.

La science démontre en ce bas monde que le mal est aussi nécessaire en pure logique que le bien (ce qui ne veut pas dire que nous en devions humainement faire estime), qu'il complète l'équilibre, qu'il est indispensable à l'existence du bien, comme la négative est nécessaire à l'affirmative, le revers à la face. L'éternelle nécessité des lois pénales naît de cette condition, parce que la société ne subsiste qu'en s'armant sans cesse.

On pourrait, comme le souhaitait un critique exaspéré, briser tous les monuments du génie humain, livres et arts; j'ajouterai même qu'on pourrait anéantir l'espèce et n'en laisser qu'un seul couple debout; de cet Adam et de cette Ève des derniers jours naîtrait une postérité de nations, qui recommencerait, avec quelque variété sans nul doute, mais avec les mêmes signes originels, la série de nos folies, de nos crimes, de nos erreurs et de nos gloires, et n'offrirait à la philosophie de l'histoire qu'une légende équivalente.

Au déroulement de cette hypothèse, à laquelle les publicistes modernes donnent le nom absolu de Progrès, il y a pour obstacle cinq colonnes d'Hercule que nul ne franchira : ce sont nos cinq sens.

II.

M. Pierre Leroux, le plus spécieux des théoriciens du progrès en ce sens que sa théorie se rapproche le plus des apparences de la vérité, emprunte sa démonstration aux phénomènes du règne animal, à l'enchaînement des espèces. « Ce que l'animal inférieur, adulte et dans toute la puissance de son développement, ne pourrait pas faire, le petit d'une espèce supérieure le fait peu d'instants après sa naissance. » Il se demande si cette concentration de vie, cette incarnation successive de la vie a lieu dans l'humanité, et il répond : « Oui, les espèces et les genres sont ici les siècles et les générations[1]. »

C'est de l'organisme, du vitalisme, du psychisme, s'écrie M. Proudhon[2]. Or, comme il ne sépare pas le progrès de la liberté, il ne peut accepter cette définition empreinte de fatalisme.

Nous ne l'acceptons pas en vertu d'un motif plus simple. A nos yeux, cette incarnation successive montre tout simplement les gradations de l'échelle animale, mais n'a rien de commun avec ce que l'on entend par progrès dans l'humanité.

[1] *Encyclopédie nouvelle.*
[2] *De la justice dans la révolution.*

Sans doute, la race caucasienne est plus parfaite que la race noire, et l'éducation, le genre de vie des pères et des mères influent sur leur progéniture. Mais cette progression, irrégulière d'ailleurs, et uniquement liée aux lois du développement national, n'a aucun des caractères de ce progrès infini dont l'idéologie démocratico-sentimentale s'évertue à prouver l'existence. S'il en était autrement, les longs siècles de ténèbres qui ont succédé à la chute de la civilisation romaine eussent été remplis et marqués par ce qu'un autre mystagogue nomme l'accroissement de vie. La mort, au contraire, régna en souveraine sur l'Europe désolée. L'humanité retomba dans le chaos. Elle roula en éléments belliqueux au bruit des armes, aux cris des combattants, comme jadis les éléments terrestres, à l'époque de l'embryogénésie du globe, cherchèrent, au bruit incessant du tonnerre, leurs attractions et leurs affinités.

La théorie de M. Pierre Leroux est plus matérielle, mais aussi fausse que celle de Condorcet.

Qu'est-ce donc que le progrès? Est-ce la justice, comme le prétend M. Proudhon? Mais, la raison la plus simple à alléguer à cette argumentation, c'est que s'il est la justice, il n'est pas le progrès; s'il est la liberté, il n'est plus lui-même; s'il est l'égalité, la vertu, le mouvement, la vie, — pas davantage.

Il est le progrès ou il n'est pas.

Deux fois M. Proudhon a tenté, comme le mythologue Jean Reynaud, comme le philosophe Pierre Leroux, comme Condorcet, comme Turgot et tant d'autres, sa théorie du progrès. De la première il est impossible d'extraire d'autre certitude que celle du mouvement.

Le mouvement, dans l'ordre matériel comme dans l'ordre intellectuel, est un des phénomènes de la vie, mais nullement une preuve de progrès.

Dans la seconde théorie, contenue au tome III du livre intitulé *De la justice dans la révolution*, M. Proudhon prétend que le progrès a sa base d'opération dans la justice. Mais, comme d'autre part la justice est le pacte de la liberté, « son mouvement consistant en une suite d'équations successivement produites ou révoquées entre un nombre plus ou moins grand de personnes, et relativement à un plus ou moins grand nombre d'objets; il en résulte que ce mouvement, libre dans son principe, ne peut être assujetti à aucune condition fatale d'accélération ni de ralentissement. »

Et voilà pourquoi votre fille est muette.

« Il est *ad libitum*, entièrement facultatif, pouvant, au gré du libre arbitre, se précipiter, se ralentir, s'interrompre, rétrograder (un progrès qui rétrograde!), renaître; en un mot, il n'a pas de nécessité. »

Voilà, en effet, un progrès bien commode, et,

si peu gênant, si peu fatal, si peu nécessaire, que je ne l'aperçois plus. Tantôt il se perd dans sa base d'opération, duquel je ne le distingue nullement; tantôt je ne le vois plus du tout. Bref, ce progrès me fait l'effet d'une cinquième roue à un carrosse. Entre la justice et son équation, la liberté, je ne vois pas ce qu'il vient faire.

Mais laissons l'équation et parlons humainement.

Selon ce que je puis démêler du fouillis de ces cuistreries de génie, l'humanité, dans ses litiges, transige au moyen de lois, et chaque jour le pacte primitif s'augmente de ces nouveaux acquêts de la communauté sociale. « Ainsi, dit M. Proudhon, la loi des Noachides se compose de sept préceptes, celle du Sinaï de dix; le code du désert en contient une quarantaine, celui d'Esdras ou Helcias en a plus de cinq cents. Je ne veux pas dire qu'il faille juger de la moralité et du progrès d'un peuple par le nombre des *lois écrites*. Longtemps avant Jésus-Christ cette proposition était devenue une contre-vérité; je dis que le progrès dans la justice a pour mesure le nombre des lois qui s'observent[1]. »

Mais si vous trouvez que le nombre des lois écrites est un mauvais criterium du progrès, d'où vient que vous accordez au nombre de lois qui

[1] Tome III, chap. II, § 16.

s'observent plus de certitude de progrès qu'à celles qui s'écrivent? Pourquoi le nombre aurait il plus de valeur d'argumentation dans un cas que dans l'autre? Que prouve ici le nombre? n'est-ce pas la qualité plutôt que la quantité des lois qui peuvent déterminer la valeur morale d'un peuple et servir à constater le progrès? N'arrive-t-il pas que telle peuplade de pasteurs, vivant sous le gouvernement du père de famille, observant un très-petit nombre de lois suffisantes à ses besoins, est plus près de la vertu que toute la chambre des lords et les trois royaumes unis avec leurs catacombes de lois écrites et non écrites, observées et non observées?

Tacite, en divers chapitres du livre III de ses Annales, signale avec la hauteur du génie et du sens commun, ce qu'il nomme « la tyrannie des lois ». Il parle de cette faculté de légiférer, qui devient une cause de trouble et de discorde. Il déplore le sort de Rome écrasée sous l'avalanche des lois.

Donc, ce raisonnement d'avoué n'a plus de portée philosophique, et la théorie du progrès, basée sur l'accroissement du pacte primitif, ne me paraît pas plus solide que l'équation de la justice et de la liberté.

Phrases que tout cela. La plume, dans leurs doigts, est un violon. Ces bruyants écrivains sont des Paganini. Ils font dire aux mots tout ce qu'ils veulent. Sur une seule corde l'habile artiste sait exécuter des variations merveilleuses. Et le public de battre des mains. Mais nous, qui tenons aussi l'archet de la pensée, et pour qui l'art, s'il a des réalisations inaccessibles, n'a du moins point de mystères; pour nous, ces tours de force n'ont qu'une valeur secondaire. Là n'est point la vraie valeur intellectuelle. Un jeu simple, large et clair, vaut mieux que ces fioritures, bonnes, tout au plus, à étonner les bourgeois.

On ne gouverne, avec ces subtilités, ni les esprits, ni les corps.

Il en est de ces théories du progrès comme de l'utopie de la paix perpétuelle. La guerre est éternelle. Les sociétés s'enchaînent par les liens naturels qui unissent l'homme à l'homme. Elles sont des manifestations de nos sens et de nos facultés qui, depuis Adam, n'ont pas changé d'un iota. Elles se succèdent avec des caractères distincts, comme dans les individus dominent tels vices ou telles vertus. Le progrès positif, dans l'individu comme dans la nation, est étroitement lié aux évolutions de la croissance et de la décroissance; ce qui n'ôte rien à la justice et à la liberté, avec ou sans équation, dans ce qu'elles ont de certain et de possible. La famille, la patrie, les rapports internationaux, offrent un champ suffisant à la morale, à la vertu, au progrès, à la philosophie et à la politique.

III.

Quelques mots encore sur le même sujet.

On ne saurait nier que l'esprit humain ne soit en pleine révolte. A force d'affirmations audacieuses, la contradiction a surgi de toutes parts. Jamais peut-être nous n'avons été environnés de ténèbres plus épaisses. L'histoire, la philosophie, l'économie ont servi tous les intérêts du temps. Elles sont descendues bien au-dessous des passions. Le charlatanisme du siècle est à son comble. Il n'est pas d'homme qui fasse quelque figure dans les gazettes ou dans le monde, qui ne possède la vérité. Tout philosophe a sa théogonie, tout économiste son organisation sociale. Nous sommes obsédés de synthèses.

Les révolutions de la fin du dernier siècle et de celui-ci ont introduit dans la langue une quantité de termes mal définis, mal circonscrits, surtout dans leurs attributs. Ils ont produit dans les imaginations des mirages étonnants. L'idéal s'est insinué dans la politique. La puissance des mots n'a plus eu de bornes. Dans le mot liberté, tel trouvera toute solution incluse. Il suffira, à tel autre, du mot égalité.

Le plus accrédité de ces termes ambitieux, c'est le progrès absolu. Quand celui-là manque au présent, il console en hypothéquant l'avenir. C'est l'endormeur des âmes sensibles et paresseuses. Il plaît aux cerveaux troubles, aux voluptueux, aux rêveurs, aux solitaires inactifs, aux orgueilleux impuissants.

Il a convenu aux vices du siècle de faire passer l'histoire ancienne et moderne par la spirale sans fin du progrès absolu. Jamais l'humanité ne s'est adressé de plus dangereuse flatterie. Il suffit de quatre ou cinq grandes erreurs de ce genre pour jeter une société hors des voies naturelles et possibles de la condition des peuples.

L'erreur est d'avoir mal interprété l'histoire, d'avoir attribué au progrès intégral les qualités qui appartiennent à la variété kaléidoscopique des phénomènes sociaux. Il y a des lois générales qui enserrent le progrès comme les mondes. Les lois de croissance et de décroissance le circonscrivent. Toute société est susceptible de progrès, mais il n'est pas vrai qu'elle bénéficie intégralement des civilisations antérieures. Chaque société emprunte çà et là ses éléments constitutifs et donne un spécimen nouveau, mais proportionnellement aussi défectueux que ses devanciers. Le progrès, comme la liberté, comme le bonheur, me paraît un mobile. C'est le ressort d'une horloge : il fournit sa carrière, l'horloge s'arrête, la société s'éteint. On peut considérer le progrès comme la loi du mouvement social. Il engendre des phénomènes multiples, infinis, mais tous rigoureusement circonscrits comme les phénomènes physiques dans un cercle infranchissable. Au delà, on tombe dans le surnaturel.

Le progrès n'est en réalité qu'une dénomination morale donnée à la recherche du bonheur.

La société moralise ainsi presque toutes ses appétitions. De ce qui est une loi naturelle, elle fait une loi écrite et lui donne le titre pompeux de devoir. Il est de la nature de l'homme de rechercher le bonheur, c'est-à-dire son épanouissement. Or la société, remarquant le fait et le constatant, nomme progrès cette recherche instinctive. Elle dit : il est du devoir du citoyen de rechercher le progrès.

Par un sentiment d'orgueil analogue, les sociétés ne résistent pas toujours au goût de calomnier le passé. Nul ne saurait contester pourtant que les sociétés égyptienne, grecque et romaine, n'aient joui d'une somme de progrès équivalente à celle qui nous est départie. Nous n'égalons pas les anciens dans les arts, nous les surpassons dans les sciences exactes et l'industrie. Sans regretter le moyen âge, ce qui serait tomber dans l'absurdité, on ne saurait oublier que cette période a offert tous les caractères d'une société complète. Rien ne prouve, au point de vue du bonheur et de la vertu, que nous soyons réellement en progrès sur ces civilisations antérieures. Notre progrès est différent du leur, et voilà tout. Le leur fut en harmonie avec les éléments constitutifs de leur époque, le nôtre l'est avec les nôtres. Que ceci vaille mieux que cela pour nous et par rapport à nous, fils du dix-neuvième siècle, oui, certes! Mais, pour une raison supérieure ne tenant compte que des rapports du sujet avec l'objet et de la constitution de l'un et de l'autre, partout, je crois, se retrouveront cette proportionnalité, cet équilibre qui forment, en quelque sorte, l'assiette de l'humanité. D'où il suit que les sociétés ne pèsent pas plus les unes que les autres dans la balance de la raison, que le progrès illimité n'existe pas, que son rôle est celui d'un germe déposé dans chaque embryon social, que son développement est borné comme la vie des peuples et des individus et en décrit les évolutions. Infini dans sa variété, il est étroitement circonscrit dans son épanouissement.

Dans la pensée du siècle, le progrès étant indissolublement lié à l'infini, la dialectique peut tirer de notre démonstration contradictoire cet inévitable syllogisme : le progrès est limité, donc il n'existe pas. Nous dirons de ce terme ce que nous disions ailleurs de la liberté : c'est une figure.

Mais comme, d'autre part, la vie réelle n'est pas enfermée dans un syllogisme, nous constatons que le progrès existe dans une quantité relative, suffisante à l'activité et à la moralité humaines.

A quiconque voudrait aller plus loin, nous adresserions cette seule question :

Est-on plus honnête et plus heureux aujourd'hui qu'on ne l'était du temps de César ou de Charlemagne?

Bien saisir la loi de son temps et s'y conformer, telle est à peu près la seule part réellement dévolue à la sagesse ; le reste est chimère. De telles doctrines n'emportent sans doute pas les imaginations dans ces haletantes chevauchées où assez d'autres se chargent de les entraîner. Mais elles répandent sur l'histoire cette lumière froide, égale et douce qui vient par les fenêtres du nord. Celle-là ne colore pas les objets de reflets trompeurs. Elle laisse aux contours leur ferme précision.

De ces logomachies, exploitées par le charlatanisme et par l'erreur, de ces malentendus enfantés par l'exaltation et par la rouerie, il ne doit pas résulter qu'on se prive de l'emploi de termes éloquents et moraux. Dieu merci! nous prononcerons encore ton nom sacré, Liberté ! nous dirons encore à la science ces grandes syllabes : Progrès !

Mais, pour nous, purs patriotes, qu'une instinctive horreur éloigne des idées troubles et du vague, philosophique enfantés par la politique des temps modernes; pour nous, à qui suffisent l'idée de la patrie et le sentiment national,

Liberté, voudra toujours dire : souveraineté nationale;

Progrès : développement national.

Rien de moins, rien de plus.

IV.

Pour dégager entièrement le principe qui forme, en quelque sorte, selon nous, la trame de la légende dont il s'agit ici, il importe de dépouiller encore quelques mensonges généraux du voile qui les recouvre.

En partant du point de vue patriotique et national, considéré comme raison suffisante de la politique, nous avons indiqué les limites et la signification du progrès.

En nous plaçant au même point de vue, nous nous expliquerons non moins librement sur la démocratie.

Il serait bon de savoir aujourd'hui ce que l'on entend par démocratie. Pour mon compte, je nie absolument qu'en réalité le démocrate sincère ait un amour égal pour toutes les classes de la société, et que par démocratie il faille entendre le gouvernement de l'universalité des citoyens. Je doute que dans l'état actuel de la société européenne un gouvernement puisse exister sur ces bases. Car si la démocratie tend à une répartition plus égale des avantages sociaux, elle ne pourra le faire qu'en diminuant la condition des hautes et moyennes classes au profit des inférieures, ou tout au moins en comblant, par des institutions favorables au peuple, une partie de l'inégalité. Or comme tout est relatif, et que cette inégalité est le principal avantage des classes supérieures, soit que vous décimiez leur fortune pour former celle du peuple, soit que vous combliez l'inégalité qui règne entre ceux-ci et ceux-là, vous êtes agréables aux inférieurs, suspects aux supérieurs, et votre gouvernement pour tous n'est en réalité que le gouvernement d'une fraction.

Je dirai donc, avec autant de logique que de sincérité, je me plais à le croire, que par démocratie il faut entendre en général un gouvernement s'appuyant sur le prolétariat, et, par réciprocité, gouvernant en faveur du prolétariat. C'est ainsi que d'autres gouvernements, selon leur principe constitutif, s'appuient sur l'aristocratie ou sur la classe moyenne, et gouvernent au profit de celle-ci ou de celle-là.

Afin d'éviter aux contradicteurs la peine de m'opposer les banalités d'usage, à propos de l'Amérique, je me hâte d'ajouter que le régime économique des États de l'Union marche à pas de géants vers une féodalité industrielle qui n'a rien de commun avec la démocratie utopique qu'on se figure exister dans cette république d'épiciers en délire.

Ceci posé, on concède un fait : c'est que tous les gouvernements, qu'ils émanent de l'aristocratie, de la bourgeoisie ou du prolétariat, ont la prétention de gouverner pour le bien de tous et d'être, par conséquent, le vrai gouvernement. Cette prétention, la démocratie l'affiche comme la bourgeoisie et l'aristocratie. Comme celle-ci, elle la justifie même par la généralisation de ces mesures qui n'excluent personne. Cette généralisation équivaut de sa part aux institutions libérales d'une monarchie constitutionnelle, aux chartes, aux parlements et aux garanties communales de la monarchie absolue. Mais aux yeux d'un homme de bon sens, cette prétention de gouverner pour tous, ces garanties, ces institutions libérales, cette admission universelle, ne sont que des masques. Le véritable motif de leur existence gît dans les inspirations de la plus vulgaire prudence. De quelque nom qu'on se nomme, sur quelque classe de la nation qu'on s'appuie, on ne gouverne qu'à la condition de ne pas rendre la vie intolérable à celles des classes dont le principe est momentanément vaincu.

Voilà ce que chacun pense tout bas, voilà ce que

nul parti n'avoue. Les jésuites de la démocratie moins que les autres, parce que, à l'instar des bigots de toutes les églises, ils sont confits en douceur, en vertus et en sentiments généreux, — politique de basse volée. Leur vie se passe à tromper une crédule multitude et à peupler les pontons et les colonies. Et quand à force de s'être donnés pour des saints embrasés de l'amour universel, ils se sont fait hisser au pouvoir par le peuple imbécile, grâce à ce qu'ils ont prêché l'admission de tous, il leur est aisé de trahir ce prolétariat et de continuer sous la république le système de la monarchie.

La seconde république française en a fourni l'exemple en 1848.

Voltaire, dont la verve ironique imagina le père Tout-à-tous, le retrouverait aujourd'hui en longue barbe et en chapeau mou, traçant sur le tapis vert d'un journal un article contre les jésuites, ou chantant sur une lyre éraillée les agapes de la fraternité universelle. Qu'a de commun la politique, cet art viril, avec ces jongleries bien coupables lorsqu'elles ne sont pas bien niaises?

Continuons cette exposition.

De ce qui précède, il résulte qu'un gouvernement, quel qu'il soit, s'appuie sur le principe dont il émane, et transige avec les principes vaincus en leur accordant la vie possible. Il ne gouverne qu'à ce prix. En effet, nul gouvernement n'est assez fort pour anéantir ses adversaires. Il est à remarquer d'ailleurs qu'au point de vue le plus général où l'esprit puisse se placer, le gouvernement se trouve presque toujours numériquement vis-à-vis du pays dans la proportion de un contre deux. Le gouvernement actuel est une heureuse exception à cette règle si commune.

« Une autre chose, dit M. Quinet, servit à conserver jusqu'au bout à Napoléon le cœur des masses ; il ne connut pas la distinction impie de la bourgeoisie et du peuple. Jamais l'idée ne lui vint de partager le pays en riches et en pauvres, de se donner aux uns, de se défier des autres. Appliquant à la société son principe de tactique, il fit de tous les enfants de la France une seule masse, la grande nation, la grande armée, qui respirait, il est vrai, sous la mitraille, mais qui n'avait qu'un foyer, un drapeau, une âme. Y avait-il un pays légal et un pays illégal, des bourgeois et des prolétaires, à Marengo, à Austerlitz, à Iéna ? Non ; il y avait des hommes qui tous ensemble ont conquis, pour eux et pour leurs descendants, le droit de cité.

Mais en dehors de ce régime exceptionnel, le gouvernement, dis-je, est en général placé dans la proportion de un contre deux, et ne se soutient que par les instruments de pouvoir dont il dispose.

Admettons pourtant par impossibilité absolue, que dans cette condition sa force soit assez grande, son implacabilité assez stoïque, pour qu'il fasse disparaître les deux principes hostiles, en supprimant deux classes de citoyens. Les deux principes reparaîtraient incessamment.

Ce qui tend à établir cette loi éternelle que nie la politique moderne, à savoir : que l'existence des trois principes, ou pour parler plus concrètement, des trois classes, est un des phénomènes de l'existence sociale ; par cela seul qu'une société est, le phénomène de cette trilogie se produit. Il se produit dès que les peuples ont atteint l'âge adulte. Il correspond à trois principes gouvernementaux, monarchie, oligarchie, démocratie, sur lesquels viennent se greffer les royautés et les républiques de tout genre. Les combinaisons de l'infinie variété se meuvent politiquement dans cet étroit espace et sous l'empire de ces immuables lois. Il y a un fonds de vérité dans cette observation d'Aristote et de Vico, qui constate dans les sociétés mauvaises, comme dans l'homme, une sorte de fixité qui amène le retour de phénomènes analogues. Mais ce qu'on n'a pas constaté, c'est la variété dans l'analogie.

On a cent raisons de croire à la pérennité des trois classes.

1° L'une de toutes les distinctions de naissance, de talent, de fortune.

2° L'autre de l'activité industrielle, des moyennes richesses, des moyennes intelligences.

3° La troisième du prolétariat, père des armées et des grands labeurs anonymes, corps de la nation.

L'admirable principe de l'égalité devant la loi et celui de l'admission à tous les grades, à toutes les fonctions, sont un correctif suffisant à cette disposition naturelle, et marquent abondamment le génie égalitaire et démocratique de la France.

Les trois classes, comme les trois types de gouvernement, ne sont qu'une émanation directe de notre nature. Pourquoi lorsque nous examinons tel ou tel minéral, voyons-nous les molécules dirigées dans tel ou tel sens invariable et formant telle ou telle figure radiaire ou conique? C'est que les attractions mystérieuses de la nature ont dirigé ces molécules selon leurs affinités.

Politiquement les hommes obéissent à des instincts non moins impérieux que ces attractions et ces affinités.

Quant à l'instinct qui pousse les hommes vers telle ou telle opinion, la condition en est une des plus grandes causes. De nos jours, par exemple, on est aristocrate parce qu'on est né de race dite noble, on peut l'être avec bonne foi, parce qu'il est doux de croire qu'on appartient à une race supérieure, et comme les doctrines ne manquent jamais aux prétentions humaines, on trouve aisément à abriter sa croyance derrière une batterie politique. Je sais qu'il y a des roturiers aristocrates d'opinion. Je crois que c'est aussi par instinct de domesticité. En ce sens d'ailleurs, ces gens-là mériteraient d'être nobles, car la noblesse depuis Richelieu n'a plus été en France que la première domesticité du royaume. Elle ne s'est relevée qu'avec Napoléon Ier, en se retrempant dans le sang du peuple et au baptême des champs de bataille.

On est classe moyenne parce qu'on a vu le jour dans une arrière-boutique, ou qu'on est avocat, médecin, industriel ou banquier; on est classe moyenne parce qu'on croit à l'efficacité du libéralisme, parce qu'on a crié *vive la Charte!* en 1830, et *vive la Constitution!* au 13 juin 1849; mais surtout parce qu'on est juste milieu d'intelligence et de sentiment.

On est démagogue parce qu'on est envieux, fainéant, inepte, hableur, malpropre, exaspéré, poursuivi à tort ou à raison par les Euménides de la misère; ou parce qu'on a une passion pour le club, parce qu'on a reçu des bourrades de sergent de ville, et qu'on redoute particulièrement la police qui pourchasse les vagabonds, les mendiants et les repris de justice.

On est démocrate par ambition parfois, par amour du commandement, comme Carrel; par audace, par excès d'imagination, par goût des grandes aventures, comme Fox et Mirabeau.

On est aussi démocrate par inexpérience et par

illusions saintes, par croyance dans l'idéal, par amour de l'humanité, par sentiment d'une justice supérieure à celle des hommes, par horreur de l'inégalité, par compassion pour les souffrances du pauvre.

On est encore démocrate, légitimement et rationnellement, parce qu'on est né peuple, ou parce que la démocratie entre manifestement dans le plan du siècle que l'on traverse. Ceci surtout c'est être politiquement et réellement démocrate.

Tel paraît être le dix-neuvième siècle, dont le régime actuel a mieux saisi le génie et les aspirations qu'aucun des gouvernements qui ont précédé ou suivi le premier empire, mais qui ne peut faire plus pour le principe démocratique que l'état des esprits ne comporte.

Si puissant que soit un pouvoir, il n'impose pas des mœurs.

Les utopistes de 1848 ont pu seuls caresser un pareil rêve.

Une des prétentions les plus insensées du socialisme est d'avoir voulu asseoir la politique sur des bases en quelque sorte géométriques, d'avoir espéré astreindre à des règles fixes et scientifiques le plus capricieux de tous les arts. Ils ont voulu dégager la politique de l'homme, en faire une science positive au-dessus des évolutions du moi.

N'opposât-on à cette prétention insensée qu'une

seule raison, l'imprévu, cette raison serait encore concluante.

Voici comment, politiquement, s'explique ce que les uns nomment le Hasard, les autres la Providence, les autres Dieu, et ce que nous demanderons la permission de nommer la Loi sociale. L'imprévu est le produit de la conflagration des volontés individuelles. Dans un état mûr, il existe invariablement des partis; les partis se résument dans des hommes, ces hommes mènent les masses. Sans doute ces meneurs ne peuvent prévoir, combiner, certifier qu'autant que le peut faire la sagesse humaine; mais il est à remarquer d'abord qu'ils agissent tous dans des vues destructives les unes des autres, qu'ils expérimentent et comptent sur un même corps : le peuple; qu'alors même qu'ils connaissent les forces et les intentions de leurs compétiteurs, les forces et le plan de résistance du pouvoir, ils ne peuvent savoir jusqu'où s'étendra cette résistance, jusqu'où ira l'action du compétiteur.

Ainsi les factieux du 15 mai, par un merveilleux concours de circonstances, quoique divisés en plusieurs factions très-différentes, quoique opérant sur un même instrument : le peuple, parvinrent à donner une sorte d'unité à tant de compétitions différentes. Le peuple se leva pour tous, mais les factieux ont dû naturellement compter sur la résistance du pouvoir. Or, comme le pouvoir était lui-même miné par les conspirations, ses ordres furent tardivement et mal exécutés. La résistance prévue ne se produisit pas. L'insurrection projetée avorta en émeute et fut balayée par la garde nationale.

Les événements ne rompent jamais avec la loi de leur génération. Mais la perspicacité humaine ne suffit pas à les prévoir.

V.

Dans la même pensée politique qui soutient cette argumentation, on a réduit le mot *démocratie*, comme le mot *Progrès*, à son sens réel et pratique. Un gouvernement démocratique sera donc pour nous un État libre, parce qu'il repose sur la souveraineté nationale; égalitaire, parce qu'il admet l'égalité devant la loi et l'accession de toutes les capacités à toutes les fonctions civiles et militaires. Il ne détruira pas cependant les inégalités naturelles qui se traduisent en classes, parce que l'utopie seule peut promettre un pareil régime. Mais ce qui le distinguera des monarchies absolues et des oligarchies ou des républiques aristocratiques et bourgeoises, c'est qu'en laissant à toutes les classes une large part d'influence, il s'appuiera particulièrement sur les masses, c'est-à-dire sur le corps de la nation.

Ceci nous conduit à nous demander ce qu'est le prolétariat, ce qu'est cet élément vague, incirconscrit; instrument aveugle des révolutions, sans traditions, sans institutions, sans puissance.

Pour que le prolétariat prenne rang dans l'État, il faut qu'il se pénètre de sa condition, qu'il sente combien sans capitaux, sans science, sans organisation, le simple jeu des lois économiques est impuissant à tirer une pareille masse de son état précaire. Il faut qu'il renonce à toute pensée d'élévation individuelle, qu'il se pénètre qu'il ne peut arriver, lui masse, que par la puissance indivise de la nation. A ces conditions seules il pourra conquérir des institutions, une fortune, et voir son siècle.

Rien ne se développe en dehors de son propre principe. Le développement d'une chose ou d'un être, ou d'une réunion d'êtres, n'est, comme le germe, qu'une des propriétés de cette chose, de cet être ou de cette agglomération.

Il s'agit donc d'examiner le caractère et le principe du prolétariat, si, par esprit d'équité, la politique croit avantageux d'asseoir sa fortune.

Le trait le plus saillant du prolétariat, c'est la collectivité. Qu'est-il individuellement? Rien. Qu'est-il en masse? Le nourricier, le bâtisseur et le soldat du pays.

Le prolétariat c'est l'Océan dont les vagues couvrent les trois quarts du globe. Mais ne lui demandez ni son nom, ni sa pensée, ni son but. Ne cherchez pas le moi de cette formidable impersonnalité. Le labourage et la charge en douze temps ne sont pas des œuvres d'art.

Ne cherchez ni un individu, ni un caractère, ni un artiste sous la blouse. Les charpentiers ressemblent aux charpentiers, les maçons aux maçons, les forgerons aux forgerons. Les forgerons ont la face noire, les maçons sont blancs de plâtre ; voilà toute la différence. Truands nombreux comme le pavé, on ne saurait les distinguer les uns des autres, quand au déclin du jour ils débordent dans les rues comme un fleuve.

Que m'importe le pied-gris qui passe?

Mais viennent un régiment, une corporation ; je sais qui tu es, et je te salue, légion, je te salue, corporation, je te salue, organe visible de la nation!

Il n'est pas impossible en effet que le prolétariat ait un jour son grand siècle, comme la monarchie a eu un jour son siècle de Louis XIV. Mais l'avénement des classes inférieures ne saurait se produire qu'à des conditions bien différentes de ce que pense aujourd'hui le commun de la démocratie.

Il ne s'agit pas en effet de combler la distance qui sépare le prolétariat de la classe moyenne et de l'aristocratie, d'élever le niveau de sa fortune et de son éducation à la hauteur de celles des autres classes ; c'est moins, en un mot, à l'égalité qu'à la prédominance que doit tendre un principe qui vise au gouvernement de la société.

En élevant la fortune du prolétariat sur le plan individuel tracé par le libéralisme, on arriverait tout au plus à constituer un peuple de petits bourgeois, ce qui est à la fois chimérique et pénible à penser. Je dis chimérique, parce que le prolétariat transformé en bourgeoisie s'anéantirait lui-même, et la conversion se serait, au total, opérée au profit de la classe moyenne. Je répète chimérique, parce que le simple jeu des capitaux remettrait bien vite les choses en leur place.

Il faut au contraire que le prolétariat, pour triompher un jour, conserve son caractère avec autant de soin que la noblesse en prit jadis à garder le sien. Si le prolétariat s'enrichit individuellement, il est perdu, et la nation amollie se perd avec lui. A quelque bien-être qu'il arrive, il doit rester individuellement sans fortune : fût-il couvert d'or comme un soldat de garde d'élite, il ne doit posséder, comme lui, que fort peu de chose en propre.

L'éducation du prolétariat ne doit aucunement ressembler à celle que l'on reçoit aujourd'hui dans les colléges. L'art lui-même, en passant par le prolétariat, doit perdre son caractère individuel. Il doit n'obtenir ses effets que par masse et par ensemble. Je citerai les cathédrales du moyen âge et les chœurs de l'Orphéon.

En somme, le prolétariat, dans toutes ses institutions, doit conserver ce caractère collectif, ce nombre, cette indivisibilité qui sont à la fois sa puissance et sa physionomie distinctives. Il pourra ainsi s'élever par masse. Aucune fortune individuelle, par exemple, n'approchera de la fortune d'une association. Il ne serait pas impossible d'établir qu'un tel genre de suprématie peut se développer sur un plan général, embrassant toutes les institutions, lutter avec un avantage marqué contre le principe de la classe moyenne, et trouver même peu de résistance dans la classe aristocratique, qui, par l'ingénieuse et puissante combinaison du régime hiérarchique imaginé par Charlemagne, et surtout par Napoléon Ier, classe la noblesse aux plus hauts degrés de la fonction, au lieu de lui laisser, dans l'isolement, cette puissance factieuse et oligarchique de l'ancienne société française avant Louis XI et Richelieu.

La réalisation d'un régime démocratique, quoi qu'en puissent dire les démocrates qui n'ont vu dans l'avénement du prolétariat que l'élévation des fortunes individuelles, qu'un peuple d'habits noirs râpés, dînant à quarante sous, lisant les gazettes et fumant un cigare le soir à la porte d'un café, — le triomphe du régime démocratique ne s'obtiendra pas par le développement des institutions libérales. Il demande au contraire beaucoup d'initiative de la part de l'État et une bonne volonté réelle, efficace.

En diverses circonstances le prolétariat, égaré par ses flagorneurs, avait entrevu un système bien différent. Il allait jusqu'à choisir ses chefs dans son sein. Or, ceux que l'on nomme des ouvriers supérieurs ne sont le plus souvent que des scribes ou des avocats ratés. Un peu de bien-être en ferait de parfaits réactionnaires. Presque tous ont d'ailleurs une lenteur de conception et une difficulté à prendre un parti qui les rend absolument impropres au gouvernement des hommes.

Le prolétariat, au contraire, a mieux rencontré lorsqu'il a choisi ses chefs parmi les hommes à grands talents et à grandes passions, parmi les hommes d'une grande distinction d'esprit et de mœurs, parmi les déclassés et les ambitieux qui ont fait le serment intérieur de donner à l'opprimé son siècle de triomphe. Mais ceci n'était bon que pour la phase révolutionnaire, et non pour les époques d'organisation comme celle où nous sommes heureusement entrés.

Le peuple, travaillé d'ailleurs par la faction sentimentale des niais et des hypocrites, par celle des courtisans de la blouse et du sabot, a erré longtemps dans son choix. Et peut-être n'est-ce pas un mal. Il est bon que ceux qui gouverneront le prolétariat et lui prépareront ces hautes destinées, s'emparent eux-mêmes du pouvoir au milieu du favorable conflit de nos discordes civiles. Ils sont ainsi plus indépendants, et peuvent à la fois se faire craindre et se faire aimer. Le peuple ne sait où il va ni ce qu'il veut. Pour réaliser la prédominance du régime démocratique, il faudra qu'on la lui impose. L'amour seul n'enfante rien de durable. C'est de l'amour que naissent les défections et les guerres civiles.

Malheur au gouvernement qui se laisse protéger par le peuple, alors même qu'il en est issu! Le peuple ne lui refusera jamais sa sanction tant qu'il sentira sa force. Car le premier titre à la confiance et au respect d'un pareil gouvernement de la part du peuple, c'est la force.

La puissance du prolétariat, nous le répétons, est purement indivise et anonyme. Elle est presque passive, faute de développement et de fixité dans le principe d'autorité démocratique. Mais déjà on distingue dans une organisation naissante son lien dans l'avenir; déjà l'on entrevoit cette mutualité, cette garantie rêvées par Napoléon Ier. C'est la *tente* aux palmes vertes sous laquelle se reposera enfin ce grand peuple, cette nation armée qui effacera la Rome des Césars elle-même.

VI.

La multitude d'idées jetées dans la circulation depuis soixante ans, répand un trouble singulier dans les régions intellectuelles. Ne nous demandez pas de système, nous n'en voulons point construire. Nous ne donnerions pas un fètu du plus beau système social. Ce n'est jamais, en somme, qu'un mauvais poëme en prose indigeste.

Il y a des gens qui s'imaginent que le peuple n'est pas heureux, faute d'un bon système d'économie sociale. D'autres pensent qu'en organisant la société en tontine, on enrichirait tout le monde.

J'en vois un d'ici qui, depuis trente ans, se tourmente les lobes du cerveau pour imaginer ceci, cela, une assurance, que sais-je? afin de créer le bien-être universel. Et quand tu aurais trouvé le bien-être, homme sensible, crois-tu donc que tu aurais mis une poudre magique sur la queue de l'oiseau bonheur?

Cette recherche fut, de tous les temps, le tourment des poëtes, des ingénieurs et des publicistes. Nous avions jadis Vauban, Racine, etc.; aujourd'hui les inventeurs de systèmes sociaux sont innombrables. Mais leur nombre même les a discrédités. La recherche du simple et du réel, en politique, sera une nécessité réactive de la période d'ébullition que vient de traverser la constitution du principe d'autorité né de la révolution française.

Le socialisme est mort. Les sectes et les systèmes dont l'efflorescence eut lieu en 1848, expirent moins par le fait des réserves imposées à la presse que par l'indifférence publique. Le bon sens a fait justice des théories dépourvues de solutions pratiques, mais, il faut le reconnaître, pressantes dans l'attaque.

Eh bien, presque toute la partie critique des utopies dont nous constatons l'inefficacité, est en pleine déroute. On peut relire aujourd'hui l'œuvre de Saint-Simon, celle de Fourier, l'*Organisation du travail* de M. Louis Blanc, ou tout autre système, et l'on verra que la plupart des maux qu'ils accusent sont, sinon entièrement disparus, au moins en voie de guérison.

Il ne manque au pouvoir ni énergie, ni bonne volonté, ni lumière!

Il faut rendre au gouvernement actuel cette justice qu'il en a fait, à lui seul, plus de dépense que la plupart de ses prédécesseurs. Il a, pour ainsi dire, créé le travail quand même.

Afin de venir en aide à la charité publique aux abois, il a discipliné la charité privée au point qu'elle ne diffère plus de la *taxe des pauvres* de l'Angleterre que par le respect du libre arbitre.

La lumière ne manque pas en France. Il n'y a pas de question importante qui, depuis vingt ans, n'ait été retournée en tous sens par les esprits les plus solides et les plus brillants. Ces questions ont été passées au creuset des aptitudes les plus diverses.

Dans le résidu de l'élaboration intellectuelle de la France, on trouverait beaucoup de scories sans doute, mais aussi d'excellentes choses. Le travail des questions est incessant. Chaque jour il accumule de nouvelles richesses. Il existe déjà dans le détail plus d'une solution qui n'attend que sa mise en œuvre.

Ce qui manque le plus aux questions en France, ce ne sont pas les gouvernements, c'est l'Opinion.

Toujours en éveil sur les individus, l'opinion publique est ici distraite, morcelée, inattentive, et, par conséquent, impuissante. En examinant les institutions actuellement existantes, il ne serait pas difficile de démontrer que leur simple développement serait presque suffisant pour donner au prolétariat toutes les garanties auxquelles peuvent aspirer les théoriciens qui se sont le plus préoccupés de son sort.

De quoi le prolétaire a-t-il en effet besoin dans sa carrière de travail? 1° d'être à l'abri du chômage, de la maladie, du surcroît de famille; 2° d'avoir, à un âge déterminé, la jouissance d'une retraite pour ses vieux jours.

Les hôpitaux, les secours à domicile, les salles d'asile, les crèches, les sociétés de secours mutuels, la caisse des retraites pour la vieillesse, la caisse d'épargne, largement appliqués, suffiraient aux besoins d'une civilisation fort avancée.

Il ne manque souvent à l'État que d'être compris de la nation et secondé par les mœurs.

Pour nous, qui croyons surtout à l'efficacité de l'initiative de l'État, nous souhaiterions quelque chose de plus que cette offre faite au prolétariat à l'aide d'institutions purement *expectantes*.

Il serait à désirer que le prolétariat eût assez de prévoyance pour réaliser, de son plein gré, la minime économie de chaque jour qui, versée dans la première caisse venue, lui assurerait la vie suffisante.

Mais il n'en est pas ainsi.

Or, cette situation étant donnée, le respect de la liberté individuelle, de la part de l'État, doit-il être poussé à ce point que, pouvant, par un prélèvement infiniment moins vexatoire que l'impôt et tout aussi nécessaire, résoudre un des problèmes de la misère, il s'en abstienne?

Un homme se noie volontairement, le respect de la liberté individuelle doit-il aller jusqu'à ne pas le tirer de l'eau?

L'ouvrier n'a pas l'habitude de la prévoyance. De sages mesures réglementaires peuvent transitoirement l'y accoutumer. Quand une institution est efficace, l'important est de la faire passer dans les mœurs. Lorsque dans les familles d'ouvriers on se sera accoutumé à voir le grand-père jouir d'une pension de retraite, le spectacle de ce bien-être encouragera les enfants à se pourvoir à leur tour.

La caisse des retraites pour la vieillesse offre deux combinaisons : l'une par laquelle le déposant aliène son capital, l'autre par laquelle, au contraire, les ayants droit sont remboursés à la mort du titulaire du total des versements effectués.

D'où il résulte qu'un ouvrier qui a, je suppose, dans sa longue carrière, fait le versement de 2,000 francs, et qui à soixante ans a joui du maximum du revenu, peut encore en mourant, après avoir plus ou moins longtemps joui de ce revenu, léguer à ses enfants, s'il en a deux, une somme de 1,000 francs chacun, laquelle somme, versée à la caisse des retraites, leur assure immédiatement le repos pour leurs vieux jours, et leur permet de parfaire aisément les 2,000 francs du maximum.

Une première épargne, donnant le maximum du revenu, une fois acquise, peut, dans une famille d'ouvriers, assurer très-aisément à chacun de ses membres survivants le maximum de la retraite.

Ou le système du versement obligatoire ne vaut rien.

Et alors on peut demander aujourd'hui de quel

droit l'État l'applique aux cantonniers, par exemple, les chemins de fer à leurs employés.

Ou il est excellent, et l'on peut se demander pourquoi l'État n'en fait pas l'objet d'une mesure générale de la part des fabricants envers leurs ouvriers, des négociants envers leurs commis, des maîtres envers leurs domestiques; pourquoi ne pas l'appliquer à l'armée, à la marine, à l'enseignement primaire, etc.?

Si la caisse des retraites pour la vieillesse n'atteint pas la masse du prolétariat, elle ne sera, comme la caisse d'épargne, comme l'assistance publique, qu'une goutte d'eau de moins dans l'océan de la misère.

Encore une fois ce ne sont pas les moyens qui manquent. Il y en a mille, et l'esprit humain n'est jamais embarrassé d'imaginer des combinaisons suffisantes à la solution des problèmes qu'il est dans sa volonté de résoudre.

Ce qui manque, c'est l'opinion. Si l'opinion, au lieu de critiquer, d'analyser, de dissoudre, tendait au contraire à stimuler, par le concours de ses sympathies, l'initiative de l'État, l'État irait plus vite et plus loin dans l'application des principes sociaux.

Ainsi, entre la caisse des retraites pour la vieillesse et la société de secours mutuels, le bon sens indique, par exemple, qu'un lien intime, une connexité aisée à établir, auraient d'immenses résultats. Mais si ces deux institutions, malgré les efforts de l'État, ne prennent pas le développement rapide qu'elles mériteraient, comment songer à faire un nouveau pas dans la carrière ?

Il y a certaines professions auxquelles suffisent les deux institutions dont on vient de parler. Il en est d'autres où une lacune entre elles apparaît de la façon la plus flagrante. Comment combler cette lacune ? La voix publique répond : par l'association.

Il paraît aujourd'hui constaté que l'association, dont les formes sont innombrables, dont la pratique est déjà considérable, si l'on examine le chiffre des sociétés par actions, il est évident, dis-je, que l'association devient réellement la molécule politique du dix-neuvième siècle, comme le fief fut celle du moyen âge. Tous les autres faits sociaux viennent se juxtaposer autour de ce phénomène qui a pour type l'impôt.

Eh bien, qui empêcherait le gouvernement, si l'opinion était mûre, de mettre fin, par exemple, au système des soumissionnages pour les grands travaux de l'État, des départements et des communes ?

D'y substituer un forfait établi d'après le prix de la main d'œuvre, celui des matières premières et du prix courant des produits analogues ?

De confier ces commandes à des associations

spéciales, placées sous la surveillance de l'État, comme les chemins de fer, les théâtres, etc.?

D'engager les capitalistes, en vue de ces commandes, à commanditer le travail, comme ils commanditent aujourd'hui la banque, le commerce, l'industrie?

De créer dans chaque association, comme dans les chemins de fer, une caisse d'amortissement destinée au remboursement du capital?

De faire passer, à l'expiration du remboursement, tout le matériel d'outillage et de bâtiments à l'actif indivis de l'association, et de poser ainsi la première pierre de sa fortune?

D'obliger les associations à verser à la caisse des retraites un certain prélèvement sur les bénéfices répartis entre tous les membres d'après le système de non-aliénation, de sorte qu'à la mort de chaque associé ou titulaire, la fraction de versement qui lui serait nominalement afférente retournât à l'actif indivis de l'association, et pût être versée soit sur la tête d'un nouvel associé, ou être répartie en fractions sur tous et ajoutée au versement annuel résultant des bénéfices?

De tirer, en un mot, de cette combinaison de l'indivis et de la liberté, tout ce qu'elle peut offrir à la sécurité et à l'activité du travailleur?

Nous le répétons, nous avons horreur des systèmes, et nous croyons qu'il serait absurde d'imposer des formes définitives à l'association. Toutes les professions ne peuvent se grouper de la même manière. Mais il importe de faire passer dans nos mœurs l'idée d'habituer le travail à se faire valoir lui-même, et le capital à commanditer directement le travail. Cent honnêtes ouvriers, pourvus de bons bras, valent bien, comme sécurité, telle combinaison empirique, ou la moralité de tel agioteur.

Mais de quelque façon que se constitue l'association, l'État peut lui imposer, comme aux autres compagnies, la sanction du conseil d'État et un cahier des charges. Le conseil d'État peut exiger le contrôle ou l'administration d'un commissaire du gouvernement, le versement d'une part de bénéfices à une société de secours mutuels englobant l'association, et d'une autre part à la caisse des retraites pour la vieillesse.

Le caractère de l'indivis dans la société moderne n'a rien de commun avec le principe de la mainmorte, justement aboli par la révolution. Les biens de mainmorte ne furent dangereux que par l'usage qu'en faisait un clergé fainéant, et par la constitution canonique de ce clergé s'administrant lui-même. L'indivis laisse à la liberté une part aussi grande que l'on veut, il se prête à mille combinaisons, et la personne de l'État, dont le rôle s'est considérablement agrandi depuis 1789, offre toujours, par son intervention, une garantie suffisante d'activité, de moralité, de liberté. Le trait marquant de la société moderne, c'est la consécration donnée à toutes choses par l'État, sans pourtant qu'il s'appesantisse généralement sur quoi que ce soit, sans monopole. A ces faibles indications si l'on daigne ajouter par la pensée l'idée du développement des établissements réglementaires dont la boulangerie centrale de Paris offre l'excellent modèle, on embrassera du même coup d'œil la production et la consommation, l'enfance, l'âge mûr et la vieillesse du prolétaire.

Oui, un gouvernement peut s'appuyer sur le prolétariat et lui donner son siècle de Louis XIV. Et, sans se perdre dans les logomachies des utopistes et des rêveurs, on peut affirmer que trois principes suffisent au prolétariat pour voir se lever ces grands jours dont l'aurore éclatante brille déjà devant nos yeux : l'amour de la patrie, le respect de l'État, le sentiment de la mutualité!

VII.

Ici intervient une question subsidiaire, qui depuis dix ans a coûté à l'économie publique des flots d'encre inutile. Après la question du travail, socialistes et économistes ont coutume de placer la question des subsistances et de la population.

Ce serait en effet peu de chose d'avoir créé le travail par l'ordre et la puissance, par le respect des lois, par la prépondérance à l'extérieur, par la prévoyance et par l'activité; ce serait peu d'avoir constitué la garantie par la mutualité, par l'assistance, par les caisses d'épargne et de retraites, si la population s'accroissait plus rapidement que la production.

On a regret à le dire, mais il y a dans les diverses écoles d'économie publique, qu'elles appartiennent au *laisser faire*, à la protection, ou au socialisme le plus réglementaire, une foule d'observations de la naturede celles qu'on vient de lire, et qui, groupées bout à bout, forment la science. Puisque ceci est science, inclinons-nous et voyons ce qu'on en peut tirer.

Règle générale, les socialistes ne doutent de rien. Or, lorsqu'un problème d'équilibre de la nature de celui-ci se présente, ils le résolvent dans le sens le plus favorable à leurs désirs.

Les économistes au contraire, qui sont à ceux-ci ce que les classiques furent aux romantiques en littérature, ne s'avancent qu'avec circonspection. Ils sont plus volontiers pessimistes.

Un de ces derniers, le docteur Malthus, à propos de cette question, avait admis en principe que la tendance de la population est de s'accroître rapidement et à l'infini; en fait il constatait que les moyens de subsistance n'augmentaient que dans une proportion très-inférieure ; que la famine, les maladies, les crimes et la guerre en étaient la conséquence ; qu'à ce moyen répressif anormal il conviendrait de substituer une limitation préventive ou *moral restreint ;* et que ce *moral restreint* est la chose la plus morale ou au moins la plus insignifiante du monde.

Cette doctrine, qui n'est qu'une mauvaise plaisanterie philanthropique, fut ramassée il y a dix ou quinze ans par un économiste aventureux et dissident, qui mit à son chapeau le nom de socialiste, quoiqu'il ne fût ni socialiste d'une secte connue quelconque, ni protectionniste, ni quoi que ce soit, excepté lui-même, c'est-à-dire un aventurier de la libre pensée, ou l'un des originaux de la révolution démocratique et sociale, comme il s'est personnellement qualifié. Pour nous ce fut un critique sans mesure, mais non pas sans génie, et d'une verve gauloise remarquable : c'est M. Proudhon.

La doctrine de Malthus offrait un excellent thème à la satire de ce Voltaire rustique. Il s'en empara. Le nom de Malthus sortit du silence de la tombe et de la poussière des bibliothèques. La querelle s'envenima. Le peuple essaya de comprendre ces abstractions, et ajouta au vocabulaire homérique des halles, le mot *Malthusien*, qui devint une injure. Et depuis dix ans le bon Malthus, un fort pédant à la manière anglaise, est si bien revenu à fleur de discussion, que ce serait manquer à tous les usages du temps que de le passer sous silence.

Le *restreint moral* a pour partisans MM. Joseph Garnier, G. de Molinari, Rossi, Dunoyer, John Stuart Mill, Guizot, etc.

Il a pour adversaires M. Proudhon et toutes les écoles socialistes.

M. Proudhon dément Malthus. Il traite sa théorie de chimérique, ne conçoit pas qu'on argumente d'une tendance, prétend que le rapport entre le mouvement tendantiel de la population et le mouvement effectif de la richesse n'existe pas, que les forces économiques sont dans le même cas que la population; que si quelque chose l'a étonné, c'est que des hommes instruits, des académiciens, des professeurs rompus aux règles de la logique et des mathématiques, aient pu découvrir dans les cinq propositions de Malthus une ombre de sens commun!

Mais ne devons-nous pas nous étonner de le voir lui-même user, depuis dix ans, tant d'encre et de papier à réfuter une doctrine aussi absurde, et ranimer d'aussi stériles débats?

Selon M. Proudhon, la tendance au doublement n'existe pas dans une population égalitaire.

Qu'il nous soit permis de renvoyer les parties dos à dos, et d'exprimer cette opinion : que les sociétés humaines peuvent vivre et se développer en dehors de la doctrine de Malthus et du système équilibriste et égalitaire de M. Proudhon. Réduisant la question, — si ceci forme question, — à ses termes les plus simples, nous nous bornerons à faire observer que la doctrine du docteur Malthus repose entièrement sur un *si*, et qu'il ne dépend pas de l'imagination d'un savant, échauffé par la statistique et la dispute, de substituer le *restreint moral* ou immoral, aux répressions naturelles qui résultent de la maladie, du crime et de la guerre ; maladies, crimes et guerres étant choses humaines, hélas ! et éternelles. On combat, on châtie le mal, on ne le supprime pas. On croit l'avoir démontré plus haut, le mal est au bien comme l'ombre à la lumière. A moins de détruire les lois de la morale, les notions du juste et de l'injuste, l'instinct de la sympathie et de l'antipathie ; à moins de détruire cette dualité qui paraît être la condition de l'homme, vous ne détruirez pas le mal, mais vous empêcherez son triomphe et sa domination.

L'histoire de la faim est connue. Or, je défie, la chronique en main, Malthus et ses disciples de prouver que la faim des peuples ait jamais été le fait de l'impuissance et de la raréfaction de la matière. Le sol et l'industrie n'ont jamais manqué au travail, c'est le travail qui a manqué au sol et à l'industrie. Or, tant que le globe entier et toutes les puissances de l'activité humaine n'auront pas été mis en œuvre, autant vaut bayer aux corneilles que d'écrire des livres sur la doctrine de Malthus.

Le peuple a mangé de l'herbe sous Louis XIV, il en a mangé aussi sous Louis XV et sous Louis XVI, il a pendu Foulon en Grève avec du foin dans la bouche, montrant par cet acte féroce où l'avait réduit la misère ; et pourtant la France ne contenait alors que vingt-cinq millions d'habitants : elle en nourrit aujourd'hui trente-six millions, et le peuple entier mange du pain.

Vous n'empêcherez jamais que des gens bloqués dans une place forte souffrent de la faim. Mon père a mangé ses chevaux pendant le blocus de Hambourg. Sur le radeau de la Méduse, l'homme mangea l'homme.

Vous n'empêcherez jamais que l'impéritie et le vice ne conduisent à la misère. Mais il est rare qu'un homme actif manque, qu'un faible de bonne volonté ne soit pas secouru. Il y a lutte entre les hommes, mais aussi charité ; guerre entre les nations, mais aussi alliance. Une nation bien organisée ne manquera pas plus qu'un individu laborieux et économe. Le besoin est un stimulant ; que chacun travaille, État et individu ; le reste ira de soi.

Ne nous inquiétons donc point du *moral restreint*, que le clergé a eu bien raison de flétrir. Tous ceux qui useront du *moral restreint* seront immoraux et feront bientôt mauvais ménage ; à moins qu'on ne manque d'activité pour se pourvoir ou qu'on soit administré par un mauvais gouvernement, on peut vivre en paix et faire lignée. S'il en est autrement, on pourra mettre au monde une progéniture affamée. La faute, en tous cas, n'en sera pas à l'insuffisance fatale de la progression économique ou du capital primitif de l'humanité.

Les gouvernements où l'on meurt de faim sont de mauvais gouvernements, ou des gouvernements qui subissent, comme celui de l'infortuné Louis XVI, les conséquences des fautes de ceux qui les ont précédés.

Égalitaire ou non, toutes les fois qu'un gouvernement sera fort, qu'entre les principes, sa nature, et l'état des esprits, régnera l'accord qui constitue l'ordre et la confiance, la nation pourra entrer au lit sans craindre que de ses flancs féconds ne sorte une trop vaste famille. Il y a de la place aux armées, aux champs, à l'atelier.

Mais si paternel que soit un gouvernement, il ne peut empêcher que la paresse n'ait ses fatales conséquences, et que çà et là l'infortune n'atteigne un innocent. La loi de la pesanteur existe : si je me penche au bord de l'abîme et perds l'équilibre, je tombe. Irai-je dire à Dieu : Pourquoi avez-vous fait cette loi, Seigneur?

VIII.

On a dit au début de ce simple aperçu, que les sociétés humaines, soumises à un plan providentiel, groupent leurs molécules politiques d'après trois types généraux, et jouent sur ce thème éternel des variations sans nombre comme les variations de la matière. Elles trouvent comme elle le secret d'une infinie variété dans l'immuabilité d'une harmonie préétablie.

On a recherché les limites réelles et la définition positive du mot *progrès*, et l'on a établi que borné au simple développement national, il suffisait à la moralité et à l'activité sociales.

Débarrassant les mots liberté, démocratie, des nuages qui les enveloppent, on a présenté l'une comme l'expression de la souveraineté nationale, l'autre comme le gouvernement des masses gardant leur caractère collectif ou national.

Il est temps de rassembler ces fils épars d'une même idée, et de nouer l'argument qui doit relier ces pages d'histoire.

Dans l'imagination des peuples, les trois types abstraits d'après lesquels se constituent les sociétés, se traduisent en trois légendes vivantes, colorées :

La légende monarchique;

La légende républicaine;

La légende impériale.

Elles planent sur l'histoire; elles se personnifient dans des noms connus de toute la terre.

La monarchie paraît correspondre à l'idée de la suprématie de la couronne sur l'orgueil et sur la puissance aristocratiques.

La république, qu'on la prenne à Rome, à Venise, à Londres, à Paris, n'a été, contrairement à ses prétentions et aux désirs de notre jeunesse, que l'expression de l'oligarchie; oligarchie sénatoriale, conventionnelle ou bourgeoise : elle est surtout favorable au développement individualiste. C'est le règne des célébrités, mais non pas celui de la démocratie ou du prolétariat.

La démocratie ou le prolétariat, ou la masse nationale, nous paraît plus particulièrement représentée par l'empire. César à Rome comme Charlemagne au moyen âge, comme Napoléon Ier au dix-neuvième siècle, ont un même rôle sous des aspects divers. Chaque fois que dans l'histoire d'un peuple l'idée impériale se réalise, on est sûr de voir apparaître les principaux phénomènes qui la caractérisent.

La plus remarquable tendance de ce principe gouvernemental, c'est l'organisation du prolétariat ou de la masse nationale ayant à sa tête une hiérarchie nobiliaire. Chez nous, sans doute, cette hiérarchie nobiliaire n'a pas un rôle aussi absolu que chez les anciens. Elle est à la fois plus large et moins rigoureuse. Elle comporte le classement des capacités dans la sphère de leur mérite et de leur activité.

Un point commun apparaît pourtant : sous le régime impérial les individus sont peu de chose, mais la personne collective de l'État est pleine de grandeur, d'initiative et de majesté; la hiérarchie est solide, les masses, ou corps national, sont puissantes.

C'est l'opposition la plus frappante au système aristocratique et oligarchique de la république romaine et à la monarchie constitutionnelle anglaise.

Si l'on avait à définir l'idée du régime impérial, on le ferait en ces termes :

Initiative gouvernementale substituée à l'initiative individuelle, ou réglant du moins la marche et les efforts de celle-ci;

Puissance collective;

Nation armée;

Mutualité;

Garantie.

A quoi correspond l'idée de prolétariat, de multitude? A l'idée nationale.

Quel est le principe suprême du gouvernement impérial? Le principe collectif ou national.

Le régime impérial est donc l'ère des multitudes et leur avénement. La main de ce peuple et la main de ce gouvernement se nouent sur un symbole commun, le symbole sacré de la patrie.

Progrès, liberté, démocratie, passant par l'étamine de ce gouvernement du peuple, aboutissent à un même but, convergent vers un même point et signifient :

Développement national ;

Souveraineté nationale ;

Avénement et organisation du peuple.

Tel est la pensée qu'on voulait déduire, ou plutôt qui se déduira elle-même de la logique des faits.

Partout où sur la trame de l'histoire et dans l'infinie variété de ses combinaisons apparaîtra la légende impériale, partout l'idée qu'on vient d'exprimer surgira plus ou moins lumineuse, plus ou moins obscure, selon le degré de ténèbres ou de clartés du milieu social où elle se produira.

Mais à aucune époque elle n'apparaîtra plus puissante, plus vaste, plus chargée de promesses, que dans ce noble pays de France, en ce grand dix-neuvième siècle, sous les deux Napoléon.

CÉSAR.

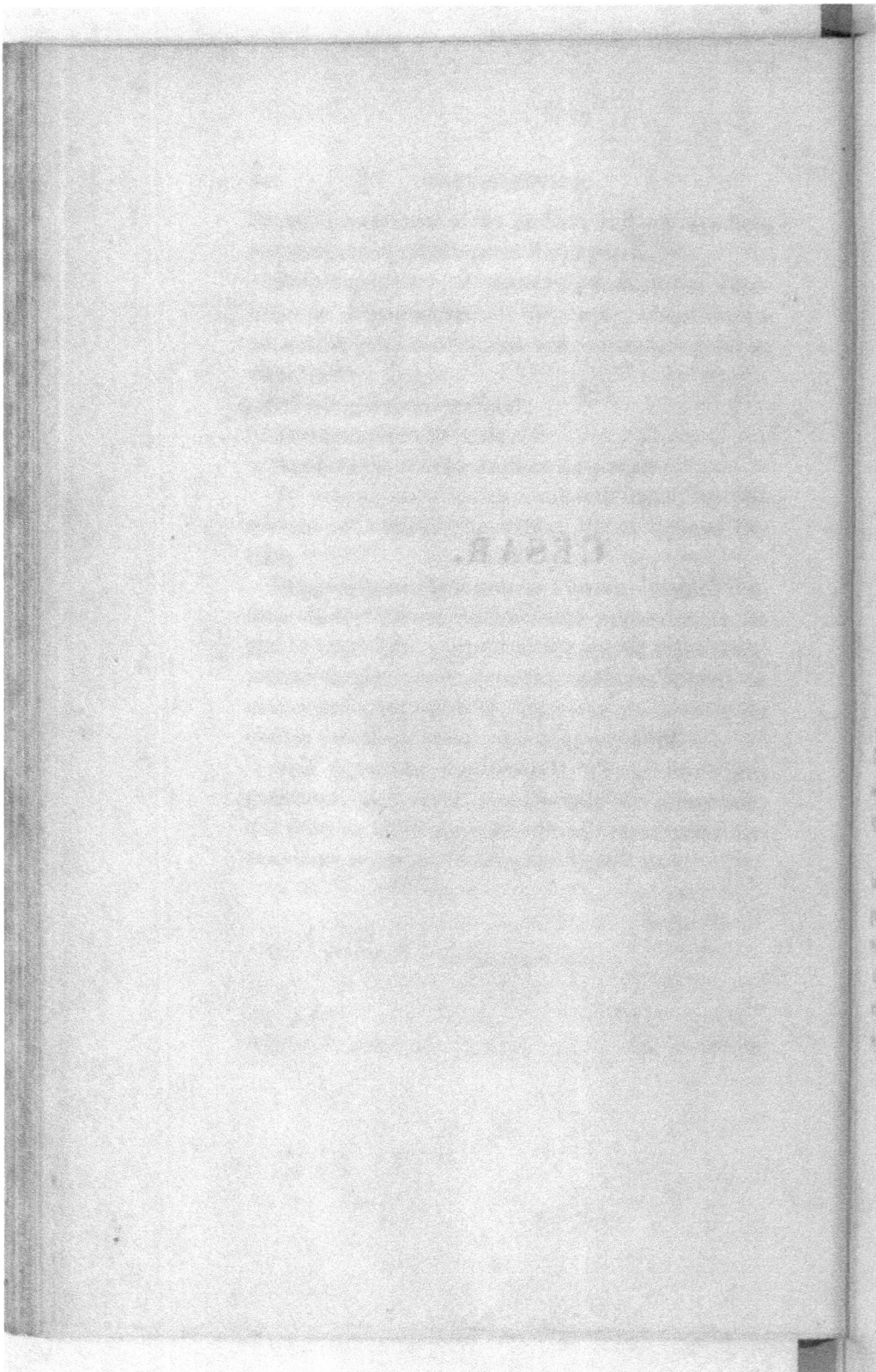

CÉSAR.

I.

Écrire l'histoire de César, après tant d'illustres écrivains parmi les anciens et les modernes, serait une prétention mal placée. Autant vaudrait, après Tacite, raconter le règne de Tibère. Il y a des choses accomplies dont on peut s'inspirer toujours, mais qu'on perdrait son temps à refaire.

Lorsque, poursuivant la chaîne de cette haute tradition historique des sociétés modernes, nous parlerons de Charlemagne et de Napoléon, ce ne sera pas pour retracer des épopées aussi bien connues du lecteur que de nous. C'est dans le but d'y chercher, s'il se peut, des lumières nouvelles. La société, sans cesse en contemplation devant elle-même, cherche, en s'expliquant le passé, à tirer des enseignements pour l'avenir.

Or il est impossible de nier que l'esprit humain ne soit en pleine révolte.

Ces réflexions nous paraissaient indispensables avant d'entrer en matière; elles éclairent la route que nous allons parcourir.

Le développement des idées démocratiques en Europe a donné naissance à des préjugés d'un genre nouveau, et qui eussent bien étonné le monde avant Voltaire. L'un de ces étranges préjugés est de regarder comme des monstres vomis par les destins contraires les grands hommes qui ont absorbé la plus vaste part d'autorité qu'il soit donné à un individu d'exercer sur ses semblables. La philosophie se plut à diminuer leur gloire, et l'envie fit son profit de ces doctrines. Que chacun ici, le héros, le philosophe ou l'envieux, soit dans son droit, je ne le conteste pas. Mais, sans prendre le parti du héros, je voudrais qu'on me l'expliquât. Il se peut que par jalousie, par orgueil ou par lieu commun scolastique, je me range du côté du philosophe et de l'envieux. Cependant je ne puis admettre que César, Charlemagne, Cromwell ou tout autre grand dompteur d'hommes, ne soient que des anomalies. Je ne puis croire non-seulement à leur nocuité, mais encore à leur inutilité. S'il en était autrement, il me semble que la nature les eût marqués d'un signe originel qui permit de les étouffer dans leur berceau.

Elle ne l'a point fait parce que ces hommes remplissent un rôle et un rôle immense dans l'harmonie des sociétés humaines.

Pour le démontrer, pour mettre à néant jusqu'au préjugé le moins respectable, celui de l'envie, je commencerai par dépouiller l'ambition, la passion des héros, de ce qu'on lui prête d'odieux. On ne l'explique pas ou on l'explique mal. L'ambition est l'objet d'une horreur assez générale et en particulier de la démocratie, qui, peut-être, est plus mal fondée qu'on ne pense à la détester. Mais nous ne haïssons tant l'ambitieux que par le sentiment de notre faiblesse. Notre humilité fait notre haine. Nous sentons en lui un maître ou un homme qui aspire à le devenir. Si nous avions conscience d'une force supérieure, d'une résistance indomptable, nous n'y songerions seulement pas.

Laissons un instant de côté l'envie, oublions l'homme et la faiblesse qui engendre en nous la haine, et posons-nous cette question : qu'est-ce que l'ambition ? J'y vois surtout une aspiration à l'unité par la prédominance du moi.

Les conquérants sont les praticiens de la fédération universelle.

La magnificence et l'utilité de leur rôle éclate donc dans ce seul fait. Serrons de plus près l'objet de ce livre; examinons moins abstraitement l'histoire. Cet accord intime, profond, des existences héroïques avec l'harmonie des sociétés, s'en déduira d'une façon plus complète.

L'histoire nous apprend que les peuples connaissent trois manières d'être : la démocratie, la monarchie et l'oligarchie. C'est sur ces trois motifs que se jouent et se joueront les variations infinies des sociétés passées, présentes et futures. La première de ces formes, on daigne à peine le remarquer, n'a jamais existé réellement et sur des proportions qui puissent compter parmi les peuples. Les républiques anciennes n'étaient que des oligarchies à plusieurs degrés; on en peut dire autant des républiques italiennes, hollandaises, etc. La monarchie parlementaire, accouplement incestueux de la monarchie et de l'oligarchie, ne peut avoir la prétention de se donner pour la meilleure des républiques. Si l'on voulait trouver l'échantillon, le spécimen d'une démocratie, il faudrait aller en Amérique. Non aux États-Unis : on se heurterait d'une part à l'esclavage, de l'autre à un régime économique qui permet à l'oligarchie de régner sous une forme abstraite et savante. Il faudrait aller chez les *amis*, chez les *moraves*, chez les *mormons*, dans quelque vallée solitaire où, loin des sociétés contemporaines, s'ébauche peut-être l'embryon d'une civilisation future. Là, on pourrait, avec beaucoup de bonne volonté sans doute, sinon assister au spectacle d'une véritable démocratie, du moins s'en former une idée.

Si notre assertion est fondée, si la démocratie n'a jamais existé que comme tendance, les conquérants, les usurpateurs, n'ont fait que débarrasser les peuples du joug oligarchique. Quelle différence existera-t-il alors entre l'œuvre de Jules César et celle de Richelieu? En substituant l'empire à la république, César asservit sans doute le peuple romain, mais il le délivra de l'oligarchie patricienne. En brisant les dernières résistances de l'oligarchie féodale, Richelieu réunit dans les mains de la monarchie l'oligarchie tout entière. L'un et l'autre simplifièrent le mécanisme gouvernemental et substituèrent le despotisme de un au despotisme de plusieurs.

La multitude proprement dite n'a jamais gardé rancune aux hommes qui ont joué ce rôle dans l'histoire. Ce fait est digne de remarque. Elle semble les avoir considérés comme les ministres de ses vengeances et de ses légitimes besoins. La satisfaction de se voir délivrée de l'ancien joug lui faisait oublier le nouveau. Son imagination se plaît au spectacle des actes audacieux. Et quand les talents militaires, la supériorité de l'intelligence, la magnificence, la libéralité, l'héroïsme se joignent à l'audace, elle ne voit plus seulement en eux l'instrument de ses colères, elle les regarde comme les traducteurs de ses aspirations, les artisans de sa gloire nationale.

Ajoutez à cela que la condition du prolétariat fut en réalité meilleure sous les Césars et sous la monarchie française que sous la république romaine et sous la féodalité. Les peuples soumis directement ou indirectement au régime oligarchique ont toujours été plus rigoureusement pressurés que ceux qui vivaient en monarchie. La raison en est simple. Il est moins cher de défrayer les plaisirs et le luxe d'un monarque et de quelques centaines de favoris, que de suffire au bien-être de deux à trois cent mille censitaires.

Le fait accompli, les rôles changent alors. La veille César excitait le peuple à la haine du sénat; demain les patriciens, les chevaliers, nobles et bourgeois, comme nous dirions aujourd'hui, c'est-à-dire tout ce qui, par la fortune ou le rang, s'élève au-dessus de la multitude, tout ce qui garde rancune du pouvoir perdu et voudrait le ressaisir, souffle dans le peuple la haine du despotisme solitaire et le représente comme le plus monstrueux de tous.

Que devient l'élément démocratique à travers tout cela? L'histoire en main, il serait difficile de le dégager et de l'offrir clairement au regard du lecteur. Il n'apparaît certainement ni dans la république romaine, ni dans celle de Venise, et il faudrait bien de l'aveuglement pour le découvrir dans celle des États-Unis. On peut être républicain sans être démocrate. Mais le mot de démocratie est tellement en faveur au dix-neuvième siècle, qu'on se dit encore démocrate à quelque parti que l'on appartienne. C'est la sanctification que chacun cherche à donner à son système gouvernemental.

Si nous n'avons pas faussé l'interprétation de l'histoire, il résulterait de ce qui précède que la démocratie, comme la liberté, comme le progrès, n'a été dans l'organisation des sociétés humaines qu'une sorte de prosopopée, une figure de rhétorique, consistant à supposer présente une personne qui n'a jamais existé. La lutte n'a véritablement eu lieu qu'entre l'oligarchie et la monarchie.

Aussi le gouvernement constitutionnel, qui était parvenu à marier les deux systèmes, put-il croire un moment qu'il avait trouvé l'arcane de la vraie politique. En Angleterre, où l'oligarchie triomphe et règne sous le masque de la royauté, l'apparence du système a pu se soutenir. En France, où les deux éléments luttaient avec une égale force, cette invention, plus ingénieuse que solide, n'avait réussi qu'à créer un foyer permanent de discordes civiles.

Les tendances de la démocratie à alterner véritablement le gouvernement des peuples avec l'oligarchie et la monarchie ont existé, il est vrai. La révolte de Spartacus, les protestations des Gracques, les essais de 1793, sont des indices caractéristiques d'un effort constant vers un état social différent de ce que nous connaissons. Mais comme cet état inconnu n'a pas fonctionné normalement, que d'ailleurs la question économique où gît en dernier ressort le nœud de la question, est encore environnée de nuages, il est permis d'éprouver quelque effroi en s'interrogeant sur un aussi grand problème. Les esprits sérieux et pratiques, les consciences qui ne se jouent pas de la paix publique et du sang des peuples, ont le droit d'hésiter sur le seuil de ce temple plein de ténèbres et de se demander s'ils n'auraient pas méconnu les lois éternelles des sociétés humaines, si en se lançant à la poursuite d'une démocratie absolue, ils ne se jettent pas dans quelque impossible et fatale aventure.

Mais en écartant ce point de vue dont la nouveauté peut heurter des convictions respectables, admettons que l'élément démocratique ait en effet participé au mouvement des sociétés humaines; supposons accomplie et roulant éternellement, comme une planète dans son orbite, la triade politique : monarchie, oligarchie, démocratie; une sorte de pondération s'établit alors entre ces trois éléments, et par une victoire permanente et successive, ils empêchent qu'un principe n'arrive à absorber les deux autres. César n'est plus un tyran, c'est un libérateur.

L'éternelle identité de l'homme s'accorde assez bien avec cette doctrine. N'y a-t-il pas quelque bon sens à croire que l'homme étant toujours semblable à lui-même, reproduira toujours, quelle que soit la variété infinie des combinaisons de son génie, les types constitutifs de son être. Or, ces trois formes mères de la politique des nations, ne sont autre chose que les manifestations éternelles de l'humanité vivant à l'état social, c'est-à-dire qu'elles représentent l'homme social dans ses aspects divers.

Commençons donc par cette thèse pour les grands hommes, peut-être nous sera-t-il donné de compléter notre pensée, et d'achever en son temps cette trilogie qui contiendrait à elle seule toute la philosophie de l'histoire.

II.

L'un des pères de la monarchie constitutionnelle en France, Montesquieu, voit dans l'affaiblissement de la puissance du sénat l'une des principales causes de la décadence de Rome. Le titre de citoyen romain conféré aux peuples de l'Italie, et les compétitions qui en résultèrent, lui paraissent un symptôme d'anarchie. Il regarde les comices comme de *véritables conjurations.* La centralisation et la diffusion lui causent un même effroi; ce qu'il y a de plus singulier, c'est que cette secte d'Épicure, dont on retrouve des traces si profondes dans la philosophie sensualiste du dix-huitième siècle, est qualifiée par lui de la façon la plus sévère. « Elle gâta, dit-il, le cœur et l'esprit des Romains. »

Trompé par ses instincts, Montesquieu ne s'aperçoit pas que Rome étouffe dans son organisation politique. Il est du parti du sénat; il croit à la république romaine. A la façon dont le mot peuple se mêle à son style poli, on conçoit que les classifications, la hiérarchie, et surtout l'esclavage, n'apparaissent à sa pensée que comme des phénomènes d'une importance secondaire. Le peuple est en haut pour lui; il existe à l'état de pure conception.

Ce sont les petits-fils de Montesquieu qui inventèrent, il y a vingt ans, l'expression de *pays légal.* Dans les discours du trône et dans les adresses des chambres, la France, la nation, n'exprimaient jamais l'idée des trente-six millions d'âmes qui forment le peuple français. Cela voulait uniquement dire, les deux cent vingt-deux mille censitaires à qui la loi accordait le droit de voter.

Il suffit de l'affaire des Gracques pour prouver que la démocratie n'eut pas la moindre part à la république romaine. La dérisoire institution des tribuns ne sert qu'à constater l'impuissance du peuple et la misère de sa condition.

Les déclamateurs du dix-huitième siècle ont singulièrement faussé nos idées sur ce point. La révolution est toute retentissante de ces interprétations subversives. Et quand, dans les phrases de tribune, j'entends Desmoulins ou Danton articuler le nom de Brutus, je ne puis m'empêcher de sourire; car, pour moi Brutus ne sera jamais un républicain dans le sens démocratique qu'il est convenu d'attacher aujourd'hui à ce mot. Brutus assassinant César me fait l'effet d'un grand seigneur whig poignardant le dictateur qui viendrait lui arracher les priviléges que lui assure le régime économique de l'Angleterre actuelle.

L'indignation de Montesquieu contre la secte d'Épicure n'est pas moins digne de remarque. Ses préoccupations parlementaires l'aveuglent si bien, que les efforts du peuple pour briser le joug de l'oligarchie républicaine lui échappent dans la philosophie comme dans la politique. Épicure joue pourtant dans les dernières années de la république romaine le rôle révolutionnaire du déisme et de la philosophie sensualiste du dix-huitième siècle. Il reconnait un Dieu indifférent, ou des dieux indifférents au sort des mortels; un dieu à la Voltaire ou à la Béranger. Il associe l'idée de vertu à l'idée de volupté, comme les *honnêtes gens* du dernier siècle. Il inspire le mépris des croyances à des peines éternelles, et se moque de Pluton et des Euménides comme nos pères se moquaient du diable et de la grande chaudière. Comme ce matérialiste qui voit l'âme dans le système nerveux, Épicure la définit: une *matière* fort subtile répandue par tout le corps humain.

On sait à quoi concluent politiquement ces doctrines philosophiques. Elles concluent à la négation de l'autorité existante, au renversement de ce qui est.

Ce grand écrivain, épris, comme la plupart des penseurs de son temps, de la constitution de la monarchie anglaise, ne s'effrayait pas des doctrines qui tendaient à renverser en France l'ancien régime pour y substituer quelque copie de ce gouvernement libéral qu'il admirait. Il les trouvait détestables chez les Romains.

A toutes ces causes de ce qu'il nomme la perte de Rome et que nous considérons, nous, comme une réaction nécessaire du peuple romain contre le despotisme oligarchique, il faut ajouter l'agrandissement de la république. Et c'est là, nous le croyons, encore une fausse appréciation. Les nations ne périssent jamais par leur trop grande étendue, mais par une étendue mal appropriée à leur organisation. Une monarchie ou une démocratie absolue pourrait couvrir le monde. L'omniarchat de Fourier serait supposable s'il était possible d'arriver à l'absolutisme parfait.

Il n'en est pas de même des oligarchies. Ce régime tendant à engendrer dans l'État un petit nombre de puissances égales, rien n'est plus dangereux que de les placer dans des conditions qui leur permettent de s'isoler. Dans l'isolement, chacune de ces puissances tend à s'accroître aux dépens des autres, et bientôt l'État est livré à une incessante guerre intestine : les querelles de deux ou trois particuliers, qui se disputent la puissance solitaire, remplissent la nation. La lutte dure jusqu'à ce qu'un d'eux ait triomphé, et par le fait même de son triomphe substitué la monarchie à l'oligarchie.

Les facultés d'expansion des lois romaines, l'organisation toute militaire de la république, amenèrent son agrandissement. A la mort de Catilina, an de Rome 690, la république étendait sa domination sur la moitié des Gaules, sur l'Espagne, sur l'Afrique, jusqu'en Égypte, sur la Syrie, sur l'Asie Mineure, sur la Grèce et sur une partie de l'Allemagne. On vit des sénateurs avoir des rois pour clients. Il est juste d'ajouter que les récits de l'antiquité nous apparaissent sous un aspect merveilleux, quoique des choses non moins extraordinaires se passent chaque jour sous nos yeux. N'avons-nous pas vu le duc d'Orléans, gouverneur général du royaume, s'appuyer du crédit du député Laffitte auprès de l'oligarchie bourgeoise de 1830 ?

Les honneurs considérables et presque royaux que recevaient les grands magistrats chargés du commandement des armées et de l'administration des provinces, les accoutumaient au libre exercice du pouvoir ; ils oubliaient insensiblement l'autorité du sénat. Le sénat les avait éloignés de Rome pour se débarrasser de gloires incommodes, dont l'éclat et la popularité menaçaient l'indépendance de la république : mais c'était leur donner le moyen de grossir encore cette gloire et cette passion du commandement que de les tenir éloignés.

Le directoire obéit à la même tendance sous la première république française, lorsqu'il donna au général Bonaparte le commandement de l'armée d'Égypte.

On pourrait encore se faire une idée de ce qu'étaient à Rome des hommes comme Sylla, Marius, Crassus, César, Pompée, en se reportant à l'histoire des derniers temps du moyen âge. Le gouvernement féodal fut plus aristocratique que monarchique. La monarchie française ne fut longtemps qu'une seigneurie allodiale. Or, toutes les aristocraties sont des oligarchies naissantes ou dissimulées.

L'organisation du régime féodal en n'obligeant les seigneurs qu'à un hommage presque illusoire envers le suzerain, livra l'Europe à une multitude de petites puissances isolées. Mais bientôt les privilèges des grands vassaux de la couronne créèrent dans la société féodale de grandes puissances qui en firent une oligarchie violente et oppressive. Le peuple et la petite noblesse cherchèrent naturellement un appui dans la royauté. Celle-ci en favorisant le mouvement des communes affaiblit la puissance des fiefs. Louis le Gros porta les premiers coups dans cette longue lutte de la monarchie dont Richelieu devait clore les sanglantes péripéties par l'abaissement radical des grands et l'asservissement de toutes les puissances du royaume à la monarchie.

A mesure que dans les sociétés humaines le morcellement du pouvoir s'est produit, soit par le fait des aristocraties, soit par celui des oligarchies, ou si l'on veut, des démocraties; l'unité tend aussitôt à se reconstituer. C'est le balancier éternel qui règle le mouvement gouvernemental des peuples.

A Rome, où l'on n'arrivait aux honneurs que par les armes, la fortune de la république fut nécessairement livrée aux passions des grands capitaines. Sous les oligarchies constitutionnelles des sociétés modernes, les destinées de l'État dépendent quelquefois d'un orateur et d'un journaliste. Un homme d'un petit caractère, mais d'une éloquence élégante et touffue comme Cicéron, eût, sous la Restauration et sous le roi Louis-Philippe, disposé des destinées de la couronne. Un grand capitaine comme César n'eût fait qu'un général de division mal noté aux bureaux de la guerre.

Je ne prétends pas dire que l'oligarchie soit un principe gouvernemental absolument inférieur à tout autre. Une civilisation complète et malheureusement trop mal connue, celle du moyen âge, s'est produite sous l'empire d'un principe analogue : la brillante république de Venise ne fut pas autre chose. Les conditions d'opportunité constituent la valeur d'un principe gouvernemental. L'idée de justice absolue qui a pénétré dans la politique moderne pourra devenir la cause de bien des erreurs, ou plutôt il faut la considérer comme le bouleversement complet de ce grand art que les utopistes prétendent réduire à une sorte de réglementation administrative ; une telle idée implique une forme gouvernementale, unique, immuable, éternelle, applicable à tous les hommes, sans distinction d'époque ni de rang, c'est-à-dire une immobilisation incompatible avec l'infinie variété.

L'histoire est là pour condamner ces prétentions des philosophes et des économistes modernes. Ce mouvement de balancier, ce flux et ce reflux du morcellement à l'unité et de l'unité au morcellement que nous signalions tout à l'heure dans la constitution des États, atteste l'éternelle variabilité de la politique.

Au moment où éclatèrent les terribles dissensions

de Marius et de Sylla, où Catilina révolté menaçait la république, à cette heure suprême, où du sein des brigues audacieuses des grands magistrats, du sein des guerres civiles et étrangères, commençait à se dessiner la gigantesque individualité de César, l'oligarchie romaine en était arrivée aux derniers excès. Elle faisait au peuple romain la plus insupportable des situations : celle d'une nation où les petits périssent victimes des querelles des grands. Jamais un retour à l'unité n'avait été plus indispensable au peuple romain.

Par tout ce qui précède on a donc voulu établir 1° que l'usurpation de César ne fut pas un phénomène détestable, mais un acte normal qui se produit toutes les fois que le morcellement démocratique arrive à l'anarchie, où que l'oligarchie usée devient extrême, oppressive; 2° que les déclamations démagogiques ont faussé le caractère de la république romaine, et donné à l'assassinat de Brutus une signification contraire à la réalité; 3° que César a été l'instrument de transition dont la Providence s'est servie pour ramener à l'unité un peuple près de périr en oligarchie.

C'est ainsi que les pouvoirs de cet État militaire, rassemblés en une seule main, permirent à la civilisation romaine d'achever son œuvre d'expansion sur presque toute la surface du monde connu.

Lorsque arrivés à Charlemagne, nous rechercherons les éléments constitutifs de la société française aux premières assises des fondations de ce vaste édifice, nous retrouverons quelque chose des mœurs et des lois romaines.

Car si, comme nous le disions plus haut, le progrès absolu n'existe pas, si les civilisations ne bénéficient pas intégralement des civilisations antérieures, elles empruntent toutes quelque chose à leurs devancières. C'est par ces emprunts mêlés les uns aux autres que se produit l'infinie variété. Les éléments résident dans l'homme même, et leur nombre n'est pas plus étendu que les besoins, les facultés et les passions humaines. Mais on sait qu'avec un petit nombre de matériaux, dont la disposition change sans cesse, le kaléidoscope offre, dans une simple mosaïque, l'exemple de l'infinie variété.

Hâtons-nous d'ajouter que la philosophie de l'histoire ne vit pas seulement d'abstractions, que son rôle ne serait pas complet si elle ne daignait jamais descendre à l'analyse des caractères et à l'exposition des faits principaux. Il importe donc, pour mieux préciser l'enseignement qui peut ressortir de cette exposition, d'examiner comment la nature avait formé César pour ce rôle immense qu'il a rempli, quels éléments le milieu social dans lequel il vivait mit à sa disposition pour sa grande œuvre, ce qu'il en fit, et par quels motifs l'assassinat dont

Brutus se rendit coupable n'a rien de commun avec la cause démocratique.

III.

« Méfiez-vous, disait Sylla, l'aristocrate républicain, le fanatique partisan de l'autorité du sénat, méfiez-vous de ce jeune homme qui met si négligemment sa ceinture. » Barras ou l'abbé Sieyes se fussent exprimés peu différemment sur le compte de Napoléon Ier. Il est souvent de la nature de ces grands acteurs du drame de l'humanité, de laisser contraster d'abord l'éclat de leurs actions avec le négligé de leur personne. Mais comme ils ont cette soif de toutes choses qui jamais ne s'apaise, rien n'égale leur faste et leur magnificence lorsqu'ils sont arrivés au suprême pouvoir.

A part la ceinture dont s'inquiétait Sylla, César eut toujours du reste les soins que prennent d'eux-mêmes les efféminés et les voluptueux. Les philosophes de son temps lui reprochaient, à ce que dit Suétone, de se faire trop souvent épiler. Les franges de son lacticlave lui cachaient une partie des mains. A Rome cela était regardé comme une très-grande recherche. Ne songez-vous pas involontairement aux longues manchettes du duc de Richelieu?

Les procédés littéraires des Latins diffèrent si profondément des nôtres, leur manière de comprendre et d'interpréter la nature est si éloignée de notre esthétique, que les historiens modernes éprouveront un grand embarras dans la reconstruction des types de l'antiquité.

Le dix-neuvième siècle a rendu cette tâche plus difficile encore. Une sorte de néo-matérialisme a pénétré dans le style. A la méthode élégante, sèche et véritablement française du dix-huitième siècle, a succédé un système de coloration et de recherche de la plastique, qui se rattache aux traditions païennes de la renaissance. Le lecteur aujourd'hui ne se contente plus de suivre les faits et gestes du héros, il veut voir l'homme physique.

Or, on sait que les anciens, tout en accordant une part considérable à la couleur et à la plastique, négligeaient dans la prose, dans le vers comme dans le marbre, le drame de la physionomie. L'art a passé des muscles de l'homme dans sa tête, de l'action dans la pensée. Les chroniqueurs les plus familiers de l'antiquité ne nous représentent que très-imparfaitement les traits des personnages qu'ils mettent en scène, très-imparfaitement du moins par rapport à l'aspect sous lequel il nous plaît aujourd'hui de les envisager. De patientes études, une intuition approfondie, peuvent seules suppléer à cette lacune.

Ces têtes de tribuns et de dictateurs, jetés dans le plus grand foyer d'intrigues et de passions qui aient brûlé au cœur d'une nation, ne devaient évidemment pas manquer d'accent. Quelques traits échappés à l'antiquité, quelques éclairs précurseurs de l'art chrétien, éclairent merveilleusement ces lointains de l'art antique où les hommes et les choses ne se dessinent que par masses. J'ai été frappé, en contemplant le tombeau des Gracques, du caractère moderne de ces deux têtes de tribuns. Je croyais voir deux jeunes dominicains frères, à travers les âges, du père Lacordaire; moins pourtant ce qui, dans le prédicateur de Notre-Dame, rappelle un peu l'avocat. J'en demande pardon à l'illustre orateur catholique, mais les Gracques, à en juger par ce tombeau, ont l'air plus véritablement pénétrés, et pour tout dire, plus croyants que lui. Ce qui les distingue du prêtre, ce sont deux grandes mains osseuses fraternellement nouées, deux mains de soldat. Ces mains donnent à ces visages ascétiques je ne sais quoi de viril et de militaire qui fortifie le spectateur.

Tels sont les hommes que nous voyons à cinq cents ans de là, dans les sanglants récits d'Ammien Marcellin, rester muets et impassibles sous la main du tortionnaire.

En usant des procédés que je viens d'indiquer sommairement, si j'avais à reconstruire César physique, je me le représenterais comme un grand jeune homme pâle, avec des yeux noirs profonds et des cheveux rares autour d'un front moins vaste que bien assis. Je me le figurerais à la fois élégant et négligé dans sa personne, tel que je me représente saint Augustin avant sa conversion, alors qu'il étonnait Carthage du bruit de ses débauches et de ses grands talents. Je retrouverais même quelques-uns de ses traits dans lord Byron partant pour Missolonghi.

En examinant sur les médailles antiques la figure de César, ce qui frappe le plus, c'est l'énergie des mâchoires, pleines de résolution et de volonté, et qui semblent mâcher du fer. Mais ce que le bronze ne saurait exprimer, c'est l'étonnante faculté qu'il possédait de montrer une bouche souriante en même temps que des yeux terribles.

Plus je me plonge dans la contemplation de cette individualité gigantesque, plus elle m'apparaît sous un aspect réel, saisissant, dont il ne m'est plus permis de douter. César était un de ces hommes extraordinaires qui inspirent aux masses une excessive curiosité, en qui d'ailleurs tout est miracle. Lorsqu'ils parlent, la faculté d'entendre se double, et ils communiquent à leur auditoire une volonté. Lorsqu'ils marchent, on croit voir l'humanité marcher et l'on se sent marcher soi-même. On les suivrait au bout monde. « *Cives* », dit-il un jour à ses soldats révoltés. A ce mot de citoyens, les séditieux, pleins de honte, allèrent se faire tuer en Afrique sans qu'il daignât leur pardonner.

Ces hommes ont en eux je ne sais quoi d'imprévu qui tient toujours l'attention en suspens. Quoi qu'ils fassent, on attend d'eux de grandes choses. Et ils dépassent toujours, soit en bien, soit en mal, ce qu'on attendait d'eux.

Il ne quittait jamais cette couronne de laurier que, par flatterie, le Sénat l'avait autorisé à porter. Il semblait dire ainsi au genre humain : Ma vie sera un perpétuel triomphe.

IV.

Les mauvaises langues de Rome, les sénateurs envieux et leurs scribes à gages, poëtes faméliques, satiriques au manteau troué, parasites et affranchis, tout ce monde rampant qui se cramponne à l'ancien maître jusqu'à ce que la fortune de l'adverse partie se soit complétement décidée, toute cette tourbe répandait par la ville les mauvaises paroles sur le compte de César. Comme jusqu'au dix-huitième siècle et avant l'ère chrétienne, les hommes considérables dans l'État ont presque toujours tenu l'histoire à leur solde, il en est résulté que César est en partie arrivé jusqu'à nous à travers les calomnies de l'aristocratie romaine.

Il est vrai que ses mœurs prêtaient souvent à la satire. On ne saurait sans doute accueillir avec trop de réserve les confidences familières de Suétone, écrivant d'ailleurs un siècle après la mort de César. A l'en croire, les soldats avaient mis en chansons l'étrange aventure du vainqueur des Gaules avec le roi Nicomède, et lorsque César entrait en triomphe dans Rome, ils égayaient la marche par des strophes érotiques et railleuses. A moins de supposer de la part du dictateur une indifférence sur cette matière que l'état de nos mœurs rend fort difficile à comprendre, le fait manque de probabilité.

On sait, du reste, à quel degré l'antiquité poussait la tolérance amoureuse. Elle considérait à peine comme une erreur commune et pardonnable un crime contre lequel, au dix-neuvième siècle, l'opinion et la loi se prononcent avec une si juste sévérité.

Mais il importe de juger un homme par rapport à son temps, et non selon le nôtre. Lorsqu'on parcourt la correspondance de Voltaire et ses épîtres à des grands seigneurs et à des princes du dernier siècle, on est frappé de la grande épuration morale qui caractérise notre sérieuse époque. Voltaire parle comme de faiblesses aimables et de simples gaillardises, de choses qui sont aujourd'hui un objet d'horreur et de mépris universels.

La tolérance à cet égard chez les Grecs et les Romains dépasse toute imagination pour un Français du dix-neuvième siècle. *Daphnis et Chloé*, le *Paul et Virginie* de l'antiquité, s'exprime sur ces perversités comme sur une chose toute naturelle. Le pur Virgile ne s'en indigne pas davantage, et l'homme de la plus mauvaise humeur qu'il y eût à Rome, Juvénal, à la façon dont il parle de l'adolescent Bromius, me paraît critiquer bien plutôt l'abus de la chose et les laideurs physiques et morales des vieux instruments de ces hideuses débauches, que le crime en lui-même.

César n'est ni un chrétien ni un Caton débiteur de sentences. Il se dit descendant de Vénus, et c'est au nom de cette déesse qu'il marche au combat. Il n'est pas né pour tracer des axiomes et des apophthegmes sur le papyrus, pour se percer le flanc en désespoir de sa cause. Il est venu pour voir, pour agir et pour vaincre.

Je me représente l'homme comme un foyer où vient se dissoudre en quelque sorte la nature entière, de sorte qu'il se l'assimile et l'exhale ensuite en lui laissant pour ainsi dire la secrète empreinte de son humanité, en même temps que par l'action du non moi sur le moi il garde la vaste et éternelle trace de Celle qui sans cesse passe en lui. On pourrait, en allant jusqu'à l'hypothèse, dire que tout ce qui pousse, fleurit ou passe dans l'air invisible, n'est que la cendre, les os et le souffle de l'humanité.

L'être privilégié dont la mission est d'activer ici-bas la circulation des idées et des faits, de devenir l'agent de l'expansion suprême d'une civilisation, le rédempteur politique d'un peuple prêt à choir, ou, comme Charlemagne, le grand bâtisseur d'un ordre social, celui-là, dis-je, porte en lui un plus vaste foyer de combustion que le reste des hommes. Dans un sens ou dans un autre, ses facultés d'assimilation atteindront des proportions héroïques.

Ce qui constitue les qualités bonnes et mauvaises de ces hommes considérables, c'est l'époque au milieu de laquelle ils vivent. Ils ont plus que tous autres besoin d'être de leur siècle, afin que leur siècle se sente vivre en eux. Les vices romains de César me révolteraient insupportablement dans Cromwell, dans Washington ou dans Napoléon.

César incube et succube, absorbant les plus grands vices et les plus grandes vertus de son temps, me choque comme citoyen du dix-neuvième siècle, mais non par anomalie. Les proportions de cette figure colossale renferment toutes les conditions essentielles de l'harmonie, et en elle-même et par rapport à ce qui l'entoure. Dans son exception, César est conforme à l'idée qu'on s'en fait.

Aussi lorsqu'on arrive à l'injure suprême sous laquelle Curion crut l'écraser : « *Omnium mulierum vir et omnium virorum mulier,* » on reste presque ébloui devant l'espèce de splendeur de cette immense flétrissure. Dans ce descendant de Vénus Genitrix, on croit voir l'androgyne vainqueur couronné par l'Humanité.

V.

Les républiques ouvrant carrière aux compétitions, ces compétitions sont d'autant plus ardentes que le champ sur lequel elles s'exercent est plus étroit. Je précise. La majesté des masses appelées au scrutin dans les États démocratiques modernes donne beaucoup plus de force à l'opinion et rend la brigue moins aisée. Mais dans une république semi-aristocratique comme la république romaine, dans un État à esclaves et divisé en classes, alors surtout que le génie du peuple s'y prête (nous savons de quoi est capable en ce genre le génie italien), les compétitions dégénèrent en un véritable foyer d'intrigues. L'idée que Machiavel et Sismondi nous donnent des petits États de l'Italie au seizième siècle n'est rien à côté de ce que fut la république romaine sous les deux triumvirats.

Dans un tel milieu, le génie militaire eût été insuffisant à César pour s'emparer du pouvoir suprême et accomplir son œuvre. La destinée l'arma de toutes pièces pour la lutte gigantesque qu'il allait entamer contre l'oligarchie romaine. Outre le génie militaire, elle lui donna le génie de la politique.

Nous savons que les théoriciens de la vertu, que le libéralisme sentimental et les utopistes de l'anti-politique n'admettent pas l'emploi de tels moyens. La vertu relative leur bouche l'entendement. Ils perdent par honnêteté domestique le gouvernement des États, et laissent massacrer les populations par horreur des moyens énergiques ou dissimulés. Ceux-là blâmeront César d'être arrivé à son but (au but providentiel qui lui était assigné) par des voies que ne préconise point la morale en actions.

Il comprit de très-bonne heure qu'un prétendant au pouvoir doit se distinguer par sa libéralité. Très-peu d'hommes résistent en effet à de telles amorces. Lorsqu'un peuple en est arrivé à un degré de civilisation qui développe exagérément le besoin des plaisirs sensuels, chaque homme, à moins que sa fortune n'atteigne à de très-grandes proportions, est accessible au prestige des dons. Il reste assez d'autres moyens dans la série des passions pour capter ceux-là mêmes que leur fortune met à l'abri de toute entreprise de ce genre.

N'ayant pas assez de patrimoine pour suffire à un pareil gouffre, il eut l'art d'emprunter. Il se couvrit de dettes. Mais demande-t-on à la main qui donne d'où elle tire la source de ses bienfaits?

Dans ce triumvirat de César, Crassus et Pompée, il est curieux de voir le premier des trois, puisant d'une main dans les coffres de l'avare Crassus, s'élevant de l'autre sur les épaules de Pompée, flatter tour à tour leurs secrètes espérances, selon qu'il avait besoin de l'un ou de l'autre.

Les vices de César ne lui furent point inutiles dans cette manipulation. Le plaisir établit une sorte d'affiliation ou de bon compérage. Ceux qui devinent la pensée du corrupteur se disent : Celui-là sera un maître indulgent. Il partage nos passions, et son règne sera celui de la joie. Les gens dont la fortune est défaite espèrent la rétablir, ceux qui n'en ont point, en construire une. Celui qui, dans une nation avancée, tient à sa solde les gens de plaisir, est bien près du pouvoir suprême. Ils ont tout à gagner, rien à perdre. La fougue de leurs désirs et le peu de bien qu'ils ont les entraînent à beaucoup risquer. On lance aisément Catilina en avant. S'il triomphe, on lui enlève les fruits de la victoire. S'il succombe, en prenant sa défense on s'attache de nouvelles créatures pour l'avenir. César fut toujours fidèle à ceux qui servaient sa cause.

De tout temps les femmes ont été un puissant moyen d'action. César ne dédaigne point d'y recourir. De sorte qu'il eut pour lui les amants, comme il avait les gens endettés, les ambitieux de second ordre et les gens de guerre. Dans ce genre d'intrigue, l'amant gagne la femme et la femme gagne le mari.

L'affaire de Clodius donne la mesure complète de cette impersonnalité de l'ambition qui, en vue d'un objet supérieur, foule aux pieds les sentiments et les règles qui forment la base de la vie ordinaire. Un mari qui renonce à se venger de l'amant de sa femme afin de s'attacher un partisan, paraîtra sans doute un monstre d'infamie au commun des hommes. Mais je ne sais, lorsqu'on daigne envisager l'élévation où se meut la pensée d'un tel homme, si l'on ne sera pas frappé surtout de cette puissance qui lui permet de mépriser les sentiments les plus vifs et les plus humains. On sent que pour être capable d'un pareil dédain de ce qui passionne le plus, il faut porter en soi la volonté d'une mission supérieure.

C'est ainsi que le véritable ambitieux s'accoutume à se considérer comme une sorte de divinité faite pour commander aux multitudes. Le mépris des hommes, le dédain des considérations ordinaires de la vie sociale, l'oubli des passions vulgaires, l'élèvent dans une sphère où il échappe à la juridiction de l'opinion commune ou relative.

Si les conditions de son temps exigeaient qu'il fût ainsi doué pour saisir le pouvoir éparpillé sur une poignée d'hommes avides, orgueilleux, débauchés, n'ayant plus souci de la patrie, et capables de tout pour conserver leurs priviléges ; s'il fallait que pour les dompter il fût plus rusé que le plus rusé, plus débauché que le plus débauché, plus avide de commandement que le plus avide, mais en même temps plus vaillant que le plus vaillant, plus généreux que le plus généreux, plus puissant par le génie que le plus intelligent, que dirait le moraliste alors? Irait-il mesurer à ce colosse les mêmes quantités morales qu'il accorde à l'homme des foules et du foyer? Ne sentira-t-il pas que le rôle de ce grand homme, ainsi placé au milieu d'une telle société, était à ce prix ? Et dans ce rôle nécessaire ne reconnaîtra-t-il pas une manifestation évidente de la loi providentielle qui préside aux évolutions des sociétés humaines ?

L'homme ainsi doué, et qui possède ce grand courage de suffire à sa destinée, doit donc être jugé par ses grands actes et dans la sphère qui leur convient. Toute autre manière d'apprécier sa valeur serait non-seulement inique, mais encore inintelligente.

Nous avons défini l'ambition « aspiration à l'unité par la prédominance du moi »;

Nous avons dit que la décadence démocratique ou aristocratique en oligarchie impliquait le besoin d'un retour à l'unité dans le pouvoir.

César, l'homme doué de la plus haute ambition de son temps et le mieux pourvu des qualités et des vices propres à servir ses aspirations, fut donc naturellement destiné à remplir le rôle qu'appelait la Providence.

VI.

Je n'ai pas besoin, pour savoir à quoi m'en tenir sur César, d'en appeler à d'autres qu'à lui-même. Car si nous trouvons en lui l'androgyne de la débauche, hâtons-nous d'ajouter que l'androgyne du génie s'y manifeste avec une telle puissance, que le second fait oublier le premier.

César fut à la fois glaive et pensée.

Il conquit les Gaules, l'Espagne, une partie de l'Afrique et de l'Asie; il subjugua l'Italie en soixante jours, et il écrivit les *Commentaires*.

En lisant ses récits, écrits le plus souvent pendant les marches rapides de ses armées, c'est moins cette élégance, cette noblesse, cette pureté dont parlent Cicéron et Hirtius, qu'une rapidité merveilleuse qui nous entraine de bataille en bataille, d'aventure en aventure, de victoire en victoire, depuis l'Asie jusques aux Gaules, des Gaules en Espagne, d'Italie en Afrique. Siéges, batailles rangées, marches forcées, surprises, embuscades; les montagnes, les fleuves, la mer, les forêts, les marécages, les plaines; cent peuples divers avec leurs mœurs, leurs costumes, leur manière de combattre; triomphes, cérémonies, législations, en un mot tout le panorama du monde connu un demi-siècle avant Jésus-Christ, toutes les phases de la vie civile et militaire des hommes de ce temps se déploient sous nos yeux. On dirait que ce conquérant, doué d'une activité surnaturelle, va engloutir le monde. Il suffit de lire son récit, de s'attacher à ses pas, pour se croire monté sur l'hippogriphe.

Isolons-nous par la pensée à des hauteurs qui nous permettent avec les yeux de l'esprit d'envelopper d'un regard l'ensemble du globe terrestre. Voyez-vous cette armée qui rampe aux flancs des montagnes couronnées de neiges éternelles et semées d'abîmes sans fond? Une litière s'avance en tête de ces troupes, dont rien n'étonne l'audace. Dans cette litière un homme trace des caractères sur des tablettes. C'est César qui, porté par ses robustes Liburniens, fait entre deux batailles un traité sur l'*analogie*. Plus tard je l'aperçois sous le chaud soleil d'Espagne écrivant un poëme en vingt-quatre jours de marche! Ses étapes sont des chants. Mais la vie de l'auteur lui-même n'est-elle pas le plus vaste des poëmes?

Où porter ses regards pour ne pas rencontrer cette inévitable vision, cette figure qui plane encore sur toutes les nations de l'Europe contemporaine, comme si de tels hommes formaient une souche commune où se rattachent les rameaux divers du génie des peuples ? Partout apparaît l'armée romaine de César, avec ses légions, ses cohortes, ses manipules, ses centuries. La voici sur deux, sur trois lignes, *duplici aut triplici acie*. La jeunesse est en avant et brandit la pique au fer triangulaire ; ce sont les *hastati*. Les hommes mûrs, ceux qu'on nommait *principes*, viennent ensuite. Puis les triaires, ces vétérans blanchis sous le harnais, à qui seuls appartient le sacré dépôt des aigles. Leurs barbes grises apparaissent au-dessus de leur grand bouclier de cuir. Ceux-là, depuis vingt ou trente ans, n'ont pas revu les murs de Rome. Le chef qui marche à la tête de cette armée s'avance tête nue, *capite detecto*. Il ne craint rien. Il a son étoile au ciel ; il est fils de Vénus et d'Anchise. Il court à pied ou à cheval, traverse les montagnes, les forêts, les fleuves. Il fait cent milles en un jour ! Il appelle ses soldats ses camarades. Il aime à les voir richement vêtus, robustes, bien armés. Et lorsqu'il a remporté la victoire, il leur permet l'orgie.

Quand l'ennemi le croit loin, c'est alors qu'il apparaît soudain, plus terrible que le dieu Thor ou qu'Hercule lui-même. On le vit, sous un déguisement, traverser une armée ennemie. C'est lui qui, se confiant sur une frêle barque à une grosse mer, dit au matelot : « Ta barque porte César et sa fortune. » Et le marinier fut rassuré comme s'il eût vu sur son esquif un dieu supérieur aux éléments !

Il n'y a plus de place pour les déductions de l'esprit, la froide raison reste muette lorsqu'on envisage cette figure merveilleuse sous son aspect poétique. L'œuvre de la philosophie s'arrête où commence celle du musicien et du rimeur. — Reprenons, nous dont la muse chemine à pied, notre humble tâche d'explicateur et de commentateur.

VII.

A la fin du chapitre VII, tome Ier, des Commentaires de César, il existe une lacune. Vercingétorix a été livré par son propre peuple aux mains de César. Les Autunois, les Auvergnats sont soumis. Labiénus occupe la Franche-Comté, Fabius le pays de Reims, Antistius Réginus le Nivernais, Sextus le Berry, Caninius le Rouergue. Cette longue et terrible guerre des Gaules touche à sa fin. César en achève les notes immortelles par ces mots : « *His rebus litteris cognitis, Romæ dierum viginti supplicatio indicitur.* »

Le colosse vaincu se souleva pourtant une fois encore. La victoire n'est jamais complète vis-à-vis d'un peuple jeune et barbare. Les lieutenants de César et César lui-même durent recommencer de vaincre. Mais César n'écrivit point le récit de cette nouvelle campagne, comme pour les guerres d'Alexandrie, d'Afrique et d'Espagne; ce fut Hirtius Pansa qui tint la plume.

Le chapitre VIII de la guerre des Gaules a donc été écrit par Hirtius, qui, à la sollicitation de son ami Balbus, consentit à combler cette lacune et s'en excuse d'ailleurs en termes modestes.

César, on le sait, traça de sa main le récit de la guerre civile. Il y a donc lieu de s'étonner de cette interruption de la part de l'auteur des *Commentaires*. Qu'après avoir raconté la guerre civile, César ait posé la plume et ait abandonné au hasard de l'histoire le reste d'une vie si largement remplie, qu'il ait dédaigné d'achever l'œuvre commencée, de noter le souvenir de ses campagnes, après cette bataille de Pharsale à la suite de laquelle Pompée, fuyant vers Alexandrie, fut assassiné, cela est aisé à comprendre. Mais qu'au milieu même de son récit, entre la guerre des Gaules et la guerre civile, il ait précisément négligé l'épisode le plus intéressant de sa vie, qu'il ait oublié le passage du Rubicon, prologue saisissant du drame le plus émouvant qu'offre l'histoire des peuples, on a peine à se l'expliquer.

Remarquons qu'Hirtius lui-même, en écrivant le dernier chapitre de la guerre des Gaules, en expliquant quelles furent les causes et les semences de la guerre civile, *quæ fuerint belli civilis causæ et semina*, ne parle point du passage du Rubicon. Cet écrivain, qui accompagna César dans la plupart de ses campagnes et qui entendit de la bouche du conquérant lui-même le récit de celles où il n'assista point[1], Hirtius, dis-je, nous abandonne au moment où César, apprenant que les deux légions qu'il a envoyées contre les Parthes sont réunies à Pompée, part pour l'Italie. Les derniers mots du livre nous représentent César légal, patient, résigné, bien éloigné de recourir à la violence, et prêt à tout souffrir tant qu'il lui restera quelque espoir de l'emporter par le droit plutôt que de faire la guerre, *quam belli gerendi*. Au premier chapitre de la guerre civile, aux premières lignes du récit, César en est aux sommations. Le Rubicon est franchi.

Toutes les fois que dans l'histoire il se présente un de ces actes douteux sur lesquels s'exerce la controverse, les moindres documents deviennent d'un prix inestimable. L'esprit du lecteur sonde les mystères de la conscience avec une ardente curiosité. Il veut savoir ce que le héros de l'action pensait de lui-même ; s'il croyait son acte conforme aux lois éternelles du juste et du bien qui sont gravées dans le cœur de l'homme. En écrivant lui-même le récit du passage du Rubicon, César eût peut-être laissé échapper un de ces mots révélateurs qui éclairent

[1] Celles d'Alexandrie et d'Afrique.

l'âme la mieux ensevelie sous les dissimulations de la comédie humaine.

De ce silence nous n'induirons rien pour ou contre César. Nous exposerons plus loin comment l'usurpation devint nécessaire à Rome, par quelle irrésistible pente César y fut entraîné; nous établirons pourquoi il eut raison en fait et en droit, et nous rechercherons la loi de ce qui paraît être la violation de toutes les lois, le mépris de tout principe.

Essayons de reconstituer d'abord cette grande scène du passage du Rubicon. Un poëte qui, selon Scaliger, semble *moins chanter qu'aboyer*, le bon Lucanus, comme dit Montaigne, a raconté dans le premier chant de la *Pharsale* cette audacieuse violation de la loi écrite.

Les humanistes ont assez parlé de ce poëme pour que nous n'ayons pas à revenir sur des matières étrangères à cette étude et qui ne sont point de notre compétence. Nous voyons dans la *Pharsale* un récit rimé des guerres civiles de l'Italie au temps de César et de Pompée. Sans admettre avec Voltaire que Lucain n'a point osé s'écarter de l'histoire, il ne nous est pas possible de partager l'opinion de M. Nisard, affirmant qu'il n'y a rien dans la *Pharsale* pour la science et pour la philosophie. Il y a toujours quelque chose pour la science et pour la philosophie dans l'opinion personnelle, dans la simple expression des sentiments d'un homme sur des faits historiques qui ont eu lieu à une époque rapprochée de celle où il a écrit. Prose ou vers, bon ou mauvais style, le document a sa valeur. Il n'y a pas de rapsodie si boursouflée, de pamphlet si menteur et si passionné, qui ne laisse quelque vérité à surprendre.

Un mot, un mot éclatant, sonore, lumineux, brille au milieu de ce récit de Lucain. Ce mot, sans que le poëte s'en soit aperçu peut-être, est une des plus belles justifications de César que l'on ait imaginées.

Or on sait que Lucain, poëte, grand seigneur, nourri des traditions aristocratiques de la république romaine, plein d'enthousiasme pour la mémoire de Pompée, ne peut pas être soupçonné d'une trop grande admiration pour César. Cette contradiction s'explique d'ailleurs de la part d'un écrivain pénétré de regrets pour ce qu'on nommait alors la liberté, et qui fut en même temps flatteur et courtisan de Néron.

Dans son récit hyperbolique de ces guerres qu'il nomme plus que civiles (*plus quam civilia*), Lucain place la scène du Rubicon au milieu des ténèbres d'une nuit pluvieuse. Le petit fleuve s'est gonflé des neiges alpestres fondues au souffle de l'Eurus. Cynthie épanche les pluies qui chargent son croissant. César arrive au bord du fleuve. Mais au moment où il va le franchir, le poëte évoque l'image de la Patrie en deuil. La grande ombre se dresse les bras levés ; une couronne de tours ceint ses cheveux blancs en désordre ; son visage brille dans les ténèbres :

Ingens visa duci patriæ trepidantis imago,
Clara per obscuram vultu mæstissima noctem.

César s'arrête. Il interpelle cette ombre attristée : « Le coupable, s'écrie-t-il, sera celui qui m'aura fait ton ennemi. » Et il ajoute : « Moi, je suis partout ton soldat, *nunc quoque miles !* » Grande parole, mot admirable ! qui enveloppe les factions et les ennemis extérieurs, qui légitime la puissance de fait par la puissance de bonne volonté, et qui explique qu'un homme arrive à la domination de son pays parce qu'il veut plus que tout autre pour sa gloire et pour sa prospérité. César, soldat de la patrie, croit à la nécessité de sa mission. Il est dès lors dans son droit et dans son devoir. Il n'est même pas besoin de l'absoudre.

Suétone, le chroniqueur intime qui semble avoir accueilli avec tant de facilité tous les mauvais bruits qui circulaient dans l'aristocratie romaine sur le compte des empereurs ; Sutéone, qu'on n'accusera pas non plus d'une trop grande partialité en faveur de César, n'a pas négligé la scène du passage du Rubicon. Ce récit est fort dramatique. Dans la journée, César, ayant appris que l'opposition des tribuns ne servait de rien, et qu'il ne fallait plus compter sur un accommodement, prit son parti. Pour mieux cacher ses préoccupations il donna un grand festin. Mais, la nuit venue, il s'esquiva et partit dans une charrette attelée de mulets, appartenant à un boulanger du voisinage. Quelques amis l'accompagnaient. La petite troupe s'égara la nuit dans des chemins perdus, et ce ne fut qu'au jour qu'on put trouver un guide. César arriva dans la matinée au bord du Rubicon, où l'attendaient quelques cohortes choisies.

On voit que dans Suétone la scène a lieu le matin et non la nuit, comme le raconte Lucain. Le premier parle aussi d'un fantôme qui apparut à César, mais ce n'est pas l'image de la patrie désolée. C'est au contraire un géant d'une beauté merveilleuse, qui s'assied non loin du camp et joue du chalumeau. Des bergers et des soldats, charmés de l'entendre, s'assemblent autour de lui. Le mystérieux joueur de flûte se lève, saisit la trompette d'un soldat, et s'élance dans le fleuve en sonnant une fanfare terrible. Alors César : « *Eatur quo deorum ostenta et inimicorum iniquitas vocat. Jacta alea esto.* Allons où nous appelle le geste des dieux et l'iniquité de nos ennemis. Le sort en soit jeté. »

L'historien grec Appien Alexandrin ne parle pas de fantôme, mais il met dans la bouche de César des paroles peu vraisemblables. Voici quel est le langage de cet historien dans le français naïf d'un vieux traducteur d'Appien, l'archevêque de Seyssel. « Il s'arrêta un petit, et regardant ladicte riuière, commença à penser tous les maulx qui s'en pourroient ensuyuir, s'il passait cette riuière en armes, et leur dict en telle manière : « Mes amis, « si ie me garde de passer celle riuière, ce sera le « commencement de mes maulx, et si ie la passe, « ce sera occasion de plusieurs maulx à tout le « monde. »

Il est probable que si César avait tenu à ses partisans un langage aussi cyniquement personnel, peu d'entre eux eussent été disposés à le suivre. On entraîne les hommes par des idées généreuses et en vue d'une cause. Il n'y a qu'une bande de brigands, excitée par l'appât du pillage, qui eût pu écouter favorablement un homme qui, froidement et dans son seul intérêt, médite un désastre universel. Or César était alors entouré de ses principaux officiers, des magistrats et des généraux qui le secondèrent dans cette rapide et foudroyante campagne.

Il suffit de rapprocher cette version du texte si clair et si précis des *Commentaires*, au passage du livre I, de la *Guerre civile* où César harangue ses soldats. Dans ce discours, il s'appuie surtout sur la violation d'un droit, le droit d'opposition des tribuns. S'il rappelle ses victoires dans les Gaules et dans l'Allemagne, c'est pour qu'on l'aide avec plus de confiance à défendre son honneur, et surtout à soutenir la dignité des tribuns. Il associe son intérêt à un principe.

Appien, ordinairement plus vraisemblable, ajoute qu'après le passage du Rubicon, les statues des dieux suèrent, plusieurs temples furent foudroyés, une mule porta. Nous dirons des prodiges ce que nous disions plus haut des présages : on peut les considérer comme une manifestation, sous forme légendaire, de quelque grand sentiment public. Ceci prouve que l'usurpation de César causa un étonnement profond chez le peuple romain. Dans la violation du droit écrit, il vit un fait extraordinaire, anormal. La loi de cette situation lui échappait.

La réalité est que la multitude et les classes lettrées elles-mêmes ne sont guère plus apaisées sur ce point dans les temps modernes. Nous entendons quelques-uns de nos concitoyens reprocher, comme une tache, à Napoléon Ier, l'acte du 18 brumaire.

Selon nous ces faits, prétendument anormaux, sont au contraire parfaitement conformes aux lois éternelles des sociétés. Ils sont une conséquence nécessaire d'un fait antérieur; l'antilogie d'une première contradiction. La morale n'a rien à voir toutes les fois que la loi se manifeste. Qu'il pousse un chêne ou un roseau sur ce sol, en quoi ceci concerne-t-il la morale? J'ai semé de mauvais grain et je récolte de maigres épis; ceci produit cela. Que penserez-vous de Théophraste s'il vient dire que ce produit manque de moralité? Tout au plus peut-il m'enseigner ce que m'indique la mère Nature : si tu veux de belles récoltes, il faut semer de bon grain.

Quelle est la situation du moraliste vis-à-vis du fait social qui vient de s'accomplir? Les semences antérieures étant données, *semina belli civilis*, César passe le Rubicon, il agit suivant la loi, non pas la loi écrite, mais l'autre, la grande: il se comporte en homme, selon la situation. Aux yeux du philosophe, à un point de vue général, César n'est pas coupable, il est ce qu'il doit être. Il ne reste donc au moraliste qu'à se demander si en passant le Rubicon César se croyait dans son droit ou non, s'il pensait agir équitablement, en un mot, s'il avait plutôt en vue l'intérêt du peuple romain que le sien propre. Or c'est ce que nul ne peut exactement savoir. La politique accomplit son évolution, et le moraliste, comme le paysan qui attend que la rivière ait coulé, reste la bouche ouverte devant le mystère défendu de la conscience humaine.

A nos yeux la loi des coups d'État ou violation de la loi écrite peut se constater par cette simple définition : La violation de la loi écrite est le contrepoids nécessaire de l'empiétement légal.

Il importe peu que l'insurrection ou l'empiétement vienne d'en haut ou d'en bas. L'antilogie est inévitable. Le comité de salut public, personnifié dans Robespierre, est la conséquence de l'anarchie parlementaire de la Convention; le 18 brumaire est le résultat des machinations du Directoire et du conseil des Cinq-Cents contre Bonaparte, ou l'unité opposée à l'oligarchie.

Pompée voulait asservir le peuple romain par des moyens légaux, ou empiétement légal : César s'y opposa par la violation de la loi écrite.

N'était-il pas nécessaire qu'il en fût ainsi dans un moment où la loi écrite allait devenir un moyen d'asservissement? Cette violation n'est d'ailleurs qu'un cataclysme passager. Elle est toujours suivie d'une législation nouvelle. Mais où s'arrêterait l'asservissement légal, lui qui se produit sourdement, sans secousse, et qui n'est pas même un événement?

Ajoutons que César est venu selon la nécessité de son temps. La guerre du temps de Marius et de Sylla avait pris un caractère à la fois civil et étranger; les proscriptions avaient habitué aux mesures révolutionnaires, l'orgueil des grands était à son comble; le peuple romain, pressé de jouir de ses richesses et de sa civilisation, éprouvait un besoin de repos que rien ne saurait exprimer. César, en écrasant les grands qui troublaient la nation du bruit de leurs querelles et de leurs excessives prétentions, satisfit à ce besoin de son temps. La Providence daigna même lui en préparer les instruments. Les armées romaines, sortes de gardes nationales mobilisées, s'étant habituées à vivre loin de Rome, étaient devenues des espèces de corps francs emportant la patrie à la pointe de leurs aigles. Il n'eut qu'à les jeter sur Rome.

Poursuivons l'évidence de cette nécessité de l'intervention de César jusque dans la mort même du héros.

Quoique la fin tragique de ce grand homme ait été racontée par un nombre considérable d'historiens anciens et modernes, il importe à la clarté du présent discours d'en reproduire les faits principaux. Ils apporteront de puissantes preuves et d'irrésistibles arguments à la thèse de philosophie historique qui fait l'objet de ce livre.

VIII.

On sait que ce déplorable événement eut lieu peu de temps après cette guerre d'Espagne dans laquelle César avait vaincu les deux fils de Pompée, Cneius et Sextus. Il touchait alors à l'apogée de sa gloire. Sa fortune avait atteint cette limite suprême au delà de laquelle l'homme serait un dieu.

Plein de jours et de gloire, satisfait, César était

devenu, à son retour à Rome, un tout autre homme que par le passé. Au lieu de se préoccuper des intrigues comme il le faisait avec une si profonde connaissance des hommes, avec un coup d'œil si sûr lorsqu'il avait quelque avantage à en tirer, il vivait dans une confiance voisine de l'indolence. Il voulait être heureux. Mais le repos était impossible à cette âme trempée comme un glaive et faite, comme le glaive, pour les luttes éternelles. Il méditait une guerre contre les Parthes. En attendant, il travaillait à des réglementations intérieures, et rendit plusieurs lois somptuaires.

C'est à cette époque qu'il mit fin à la confusion qui régnait dans la distribution de l'année, en dressant un calendrier basé sur des observations astronomiques.

Ce fait montre quelle était la nature des préoccupations de César, et combien profonde devait être sa confiance dans l'avenir. La sécurité dont il avait joui d'ailleurs durant neuf ans de succès et de victoires, de 696 à 705 (ans de Rome), dut lui paraître à jamais affermie.

Rome entrait alors dans le huitième siècle de sa fondation. Elle dominait le monde connu. La guerre civile qui avait failli la perdre était éteinte. Le vainqueur lui-même semblait oublier qu'il eût compté des adversaires. A son retour, le terrible César, au lieu d'accabler la faction vaincue, ne l'avait pas même écartée du partage de ses faveurs. Il releva les statues de Pompée, comme si, mort l'ennemi, il ne se fût souvenu que du grand homme. C'était là un de ces traits de génie qui montraient la hauteur et l'audace de cette vaste intelligence, et qui lui attiraient l'adoration de la multitude.

Le peuple romain respirait enfin. Après tant d'années sanglantes, la liste des meurtres et des proscriptions était fermée. L'espoir rentrait dans tous les cœurs. Le laboureur pouvait achever le sillon commencé. Les joies domestiques, les douceurs de la famille allaient renaître. Il y a tant d'hommes dans une nation à qui les débats des grands de ce monde ne sauraient causer que des malheurs! Le seul repos, pour cette humble majorité, devient un ineffable bienfait.

Les nobles, les sénateurs, les hauts magistrats de la République, en un mot cette poignée d'hommes que le régime oligarchique rend fatalement intrigants et ambitieux, par cette raison que la condition fait l'homme, tout ce monde en laticlave à qui César enlevait de fait la souveraine puissance, masquait sa jalousie et ses fureurs sous l'apparence d'une servilité sans bornes. Ils nommèrent *imperator*, dictateur à vie, consul pour dix ans et père de la patrie, l'homme qu'ils exécraient le plus au monde. Quand la politique descend dans les chemins ténébreux, on est effrayé des profondeurs où elle descend.

Le tort de César fut de croire à l'amour des peuples, à la reconnaissance des bienfaits, à la constance de sa fortune, à l'indispensabilité de son existence. Si grand que soit un homme, il n'est jamais indispensable. Le monde va de soi. Dans un esprit qui sentait la philosophie d'Épicure, César disait alors qu'il valait mieux périr une fois sous le poignard d'un traître, que de mourir chaque jour d'angoisse et de terreur.

Pour mieux l'endormir dans sa confiance, ses ennemis du sénat firent déclarer sa personne sacrée et inviolable, mesure trop souvent impuissante et qui n'a jamais préservé législateurs ni personnes royales. Henri III, Henri IV, Louis XV, Louis XVI, les constituants, les Girondins, les conventionnels, Napoléon Ier, le duc de Berri et Louis-Philippe en ont su quelque chose.

Quelquefois ses amis lui montrant Antoine Dolabella et toute la bande des gens de plaisir, des hommes gras, souriants et parfumés, lui disaient : « Prenez garde à ceux-ci. » Mais César leur désignant Cassius et un groupe de sénateurs aux traits amaigris, au front pâli par quelque pensée obsédante et funeste, répliquait : « Je me défierais plutôt de ces derniers. » Vaines paroles! César en était arrivé à cette heure étrange où, quoi qu'on leur dise, les souverains ne veulent plus se défier. Le but accompli, l'esprit de lutte et de vigilance s'éteint en eux. D'autres, comme Tibère, Louis XI ou Richard III, tombent dans de folles et croissantes terreurs. Le but accompli jette quelquefois dans l'anormal et aspire à la décomposition.

Jusqu'alors la conspiration n'existait pas. Ni mot d'ordre, ni serment n'avaient été échangés. Mais elle se formait de fait, comme se forme un orage. Elle se produisait comme un phénomène de condition. L'art politique n'est au fond que la connaissance des passions et la science des intérêts. Moins aveuglé par la destinée, César eût pressenti une inévitable tentative contre ses jours. Il eût même aisément compris d'où le coup devait partir; ou plutôt il le vit, lorsqu'il montrait du doigt les maigres visages de Cassius et des mécontents. Mais le vertige l'entraînait à l'abîme.

Cette conspiration latente se produit dans toutes les circonstances analogues. C'est la conspiration des passions irritées qui suivent leurs prodigieux instincts, et de la sottise qui glisse toujours sur la pente des situations. L'instinct des mécontents les poussait à rendre César suspect et odieux au peuple en le chargeant d'honneurs et de dignités. La sottise et la servilité, trouvant tout naturel d'honorer le vainqueur, secondaient cette tactique. Elle fut bientôt poussée à l'extrême.

Au commencement de l'an de Rome 709, la destinée fixa une date à la mort de César. Un bruit mystérieux courut dans la ville. Aurelius Cotta, l'un des quinze gardiens du livre des Sibylles, avait, disait-on, retrouvé un oracle qui déclarait les Parthes invincibles, à moins que l'armée romaine n'eût un roi pour général. On sait qu'il était alors question de cette guerre. César faisait ses préparatifs de départ. Ce bruit prit bientôt une consistance considérable. De maladroits amis le propagèrent. Il fut convenu, entre eux, qu'Aurelius Cotta ferait sa déclaration au sénat *le jour des ides de mars*.

César se voyait porté au trône malgré lui; non qu'il ne désirât la couronne, mais il craignait que le sentiment du sénat et du peuple fût contraire à la royauté. Sa situation était la même que celle où se trouva plus tard le protecteur Cromwell vis-à-vis du peuple et du parlement anglais, dont une fraction ne cessait de lui offrir la couronne. César ni Cromwell n'osèrent être rois.

Quatre ans auparavant (an de Rome 705), une tentative du même genre avait été faite sous le consulat d'Antoine. Tandis que le dictateur assistait du haut de sa tribune aux fêtes Lupercales, un incident troubla ce carnaval romain. On vit un homme s'approcher de la statue de César et la couronner les uns disent d'un diadème, les autres d'une couronne de laurier, ornée d'une bandelette blanche, insigne royal. César trahit en cette circonstance sa pensée secrète. Il cassa et fit jeter en prison les tribuns Epidius Marullus et Césétius Flavus, qui avaient fait découronner la statue. Prompt à réparer cette faute, il répliqua peu de temps après, au peuple qui le suivait en l'acclamant roi : « Je suis César et non roi ! »

La déclaration d'Aurelius Cotta allait offrir aux amis de César une trop belle occasion de renouveler leurs tentatives pour qu'ils n'en profitassent point. Par contre, elle attira également l'attention de ses ennemis sur cette fatale date des ides de mars. Quant à César, sa colère intérieure se calma. Il sentait venir l'heure de la royauté et non celle de la mort.

Quelques mesures imprudentes et mal comprises qu'il prit à cette époque, encouragèrent l'audace de ses ennemis. Se croyant trop indispensable au salut de l'État pour qu'on osât attenter à sa vie, il avait licencié une garde espagnole, sorte de garde impériale destinée à protéger sa personne. « Il est force qu'il advienne ce qui doit arriver à César, » disait-il souvent. La bonne foi de l'homme éclate dans ce mot.

L'autre mesure conférait à des étrangers le titre de sénateur. Elle blessa la susceptibilité du peuple romain. Ce que nous nommons aujourd'hui l'amour-propre de clocher est de tous les temps et de tous les peuples. La multitude romaine, au lieu d'admirer la hauteur des vues de César, qui, associant ainsi l'univers aux destinées de Rome, faisait en quelque sorte de cette ville le centre de l'univers, et créait l'unité politique du monde connu, témoigna de sa sottise et de son humeur. Elle placarda de méchants alexandrins de fabrique patricienne, où on tournait en raillerie notre blouse gauloise et où l'on recommandait au peuple de ne pas indiquer aux sénateurs étrangers le chemin du sénat.

Quelques conciliabules secrets eurent lieu. Il est à remarquer que ces assemblées se composaient uniquement de sénateurs et de hauts personnages. Ces conciliabules prirent promptement le caractère d'une conjuration. On agita la question de savoir où l'on immolerait César, et après avoir proposé de l'assassiner aux comices du Champ de Mars, sur la voie Sacrée ou à la porte du théâtre, les conjurés s'arrêtèrent à l'audacieux parti de l'égorger en plein sénat, dans la grande salle de Pompée, où devait avoir lieu la séance du premier jour des ides de mars.

L'initiateur, ou du moins le personnage le plus actif de ce complot, fut le second préteur Cassius, qui déjà traître à Pompée, dont il avait livré la flotte au passage de l'Hellespont, allait le devenir à César. C'était un homme dissipé, qui cachait sous une humeur joyeuse un caractère perfide et envieux.

Il parvint à entraîner les deux Brutus, et notamment l'aîné, Marcus Brutus, premier préteur, dans la conjuration. Il déploya dans cette détestable intrigue une habileté infernale.

Marcus Brutus semblait avoir puisé dans la tradition de sa race ce caractère fatal, prédestiné, qui s'attache à certains hommes. Le sombre orgueil de son âme donnait à sa physionomie les reflets sévères que nous retrouvons, sous Charles IX, au front des grands seigneurs huguenots. Sous une république presque entièrement aristocratique comme celle de Rome, Brutus représentait en outre l'aristocratie du régicide.

A une époque où on a si souvent faussé l'histoire pour lui extorquer des arguments en faveur d'idées avec lesquelles elle n'a nul rapport, il importe de préciser ces fortes nuances.

Ainsi, dans ce procès dont nous remettons les pièces en lumière, dans cette conjuration qui commence, nous ne trouvons jusqu'à présent que des grands seigneurs mécontents, exploitant un léger et absurde mouvement d'humeur du peuple. La principale figure est celle d'un grand seigneur comme les autres. Figurez-vous sous une féodalité républicaine installée à la naissance de cette nation, un haut baron, un marquis ou un comte, dont l'ancêtre eût tué le septième roi de France. Il faut ajouter que Servilie, mère de Brutus, descendait de

Servilius Hala, assassin d'un certain Melius dont l'ambition avait alarmé le sénat.

La situation de ce personnage était fort délicate; il n'y avait pas d'apparence qu'on pût l'attirer dans le complot. Cassius y tenait beaucoup cependant, en raison de son rang et de l'estime qu'il inspirait. Marcus Brutus devait à César, qui l'avait sauvé à Pharsale, et la vie et la haute fonction qu'il exerçait; son frère Decimus en avait également reçu des bienfaits et était l'un de ses amis les plus intimes.

Dans la sourde mésintelligence qui régnait entre César et le sénat, Brutus se trouvait donc réduit à une sorte de neutralité. Il s'abstint d'abord de paraître aux premières réunions des conjurés; on l'entendit plusieurs fois déclarer qu'il n'irait point au sénat le jour des ides de mars; mais, sous cette apparente indifférence, il dissimulait la sourde exaltation qui s'emparait de lui. On sait par quels artifices Cassius était parvenu à réveiller l'âme ardente et sombre de Brutus; et c'est encore un fait important à souligner, que le peuple fut complétement étranger aux billets et aux inscriptions qu'on trouvait dans le tribunal du premier préteur et sur le socle de la statue de Junius Brutus.

Ces grands mots déclamatoires : « Tu dors, Brutus! » ces excitations : « Tu n'es pas un vrai Brutus! » ces regrets au vengeur de Lucrèce : « Plût aux dieux que tu fusses encore parmi les vivants! »

toutes ces prétendues manifestations anonymes des espérances que Rome fondait dans le descendant de celui qui avait chassé les rois, tombaient, la nuit, de la main du seul Cassius. Beau-frère de Brutus, il connaissait bien cette âme farouche, nourrie dès l'enfance de traditions sanglantes, rêvant sans cesse, comme s'il eût dû servir de type pour la création de l'*Hamlet*, quelque vengeance à exercer. On parlait de refaire un roi, n'était-ce pas l'occasion de jouer un rôle conforme à ses vœux? Chacune de ces secrètes instigations, qu'il dut réellement prendre pour un appel des Romains fait à son courage, exalta ce sombre orgueil.

Cassius acheva d'ébranler ses premières résolutions en lui disant : « Ce n'est pas la multitude qui jette ces billets dans ta tribune, ce sont les hommes des plus illustres familles de la république. » Il paraît que ce motif influa puissamment sur Brutus. Cela est conforme avec le caractère de ce landlord romain. Il promit, au cas où la royauté serait proposée à César, de payer à la république romaine ce que Cassius nommait une « dette de succession. » Mais quel aveu de l'histoire dans la distinction de ce dernier! Et comment les jacobins n'ont-ils pas vu cela?

Brutus endoctriné, la conjuration prit une grande consistance; les historiens portent à environ soixante le nombre des conjurés. Les principaux furent : les deux préteurs Cassius et Marcus Brutus, Decimus

Brutus, Attilius Cimber, Servilius Casca et son frère, Basilius, Lena, Bucolianus, etc.

Il nous reste à établir un fait important, c'est que le drame qui va s'accomplir se passe entre amis, entre parents. Cassius et Brutus sont beaux-frères, Brutus Decimus est un des amis intimes de César; César a été publiquement l'amant passionné de Servilie, mère de Marcus Brutus le préteur, chef de la conjuration. Que de motifs secrets et étrangers à tout principe politique ont pu influer sur les acteurs de cette horrible scène! Il n'est pas besoin de pénétrer bien profondément dans les mystères du cœur humain pour conclure que la mort de César est aussi un drame de famille. L'orgueil traditionnel et personnel du régicide, la haine qu'un homme fier dut éprouver de tenir la vie de son vainqueur, la secrète honte du fils vis-à-vis de l'amant de sa mère, tels sont les sentiments domestiques dont l'histoire, menteuse et prompte à grandir les misérables querelles humaines, s'est servie pour former un héros fantastique, une sorte de martyr dévoué à des idées qui n'avaient alors nulle part au mouvement des sociétés. Qu'est-ce qu'une république basée sur la hiérarchie des ordres et des classes, et qui, au-dessous du prolétariat, a placé pour fondement de l'édifice tout un peuple d'esclaves dix fois plus nombreux que le peuple politique et nominal?

Les présages, dans lesquels il faut voir des manifestations légendaires plus ou moins accusées suivant le génie des peuples, ne manquèrent pas à cette grande catastrophe. Les multitudes, dans tous les temps, se plaisent à traduire leurs pressentiments favorables ou défavorables par des faits anormaux qui frappent l'imagination. Les historiens recueillent ces naïves expressions de l'inquiétude des âmes, et en colorent leurs récits.

D'après l'autorité du plus cher ami de César, Cornelius Balbus, on assure qu'une inscription grecque trouvée dans le tombeau de Capys, fondateur de Capoue, prédisait la mort d'un descendant d'Iule, et les malheurs de l'Italie le jour où ce tombeau serait découvert. Les colons de Campanie qui trouvèrent cette inscription la divulguèrent.

Les chevaux consacrés aux dieux par César avant le passage du Rubicon versèrent des larmes durant les jours et les nuits qui précédèrent les ides de mars.

Un roitelet, tenant dans son bec un brin de laurier, fut poursuivi par une nuée d'oiseaux jusque dans la salle de Pompée, où devait avoir lieu la séance du sénat aux ides de mars.

L'augure Spurina lui déclara que les ides de mars lui seraient fatales.

César, on le sait, ne croyait point aux prodiges. La veille des ides, il alla souper chez Lepidus; les convives causaient en vidant les coupes. César, avec cette étonnante faculté qu'il possédait de diviser, ou plutôt de faire agir sa pensée sur divers sujets en même temps, écrivait en se mêlant à la conversation. Comme il arrive souvent après boire, on philosophait sur la mort. « Quelle est la mort la plus enviable? » dit Lépide. — « La plus soudaine! » répliqua-t-il.

Son vœu devait être réalisé. Il ne donna en effet aucune marque d'inquiétude en rentrant chez lui; il se coucha et s'endormit comme de coutume. On dit pourtant qu'en songe il donna la main à Jupiter, et l'on y vit encore un présage.

Dans son palais, les traîtres veillaient; les serviteurs et les amis véritables étaient agités d'une vive inquiétude. La tendresse croit si aisément aux présages! Ce fut une nuit d'une grande tristesse. Velleius Paterculus raconte que Calpurnie, femme de César, s'étant assoupie, s'éveilla en sursaut. Le vent avait ouvert violemment les portes de sa chambre: elle se leva éperdue et courut se jeter aux genoux de son époux, le suppliant de ne point aller au sénat, et lui racontant qu'en rêve le toit de son palais s'était affaissé; que le tenant, lui, César, pressé contre son sein, elle avait senti qu'on le tuait sur son cœur, malgré ses étreintes.

César s'était éveillé indisposé; on sait qu'il était en proie à des maladies étranges et sujet à des visions nocturnes. Il se sentit faible et languissant. Le duc de Guise éprouva quelque chose de semblable le jour où il fut assassiné. Ne semble-t-il pas que la mort la plus imprévue nous donne quelque avertissement de son approche? Cédant aux supplications de sa femme et au malaise qu'il éprouvait, il allait ajourner la séance du sénat, lorsqu'un de ses amis, présent à cette scène, l'engagea à n'en rien faire: c'était Decimus Brutus, l'un des conjurés, qui tremblait, dit Plutarque, qu'on ne découvrît la conspiration. Il eut l'habileté ordinaire; il jeta le nom de roi dans ses discours, et représenta le sénat attendant César pour lui décerner ce titre suprême.

Le sénat assemblé attendait en effet. La trahison était à son poste. Une émotion profonde et contenue régnait dans Rome. A onze heures du matin César sortit de son palais, sans gardes, escorté seulement de ses amis. Une multitude de gens du peuple et de solliciteurs se joignit au cortége. Cette foule fut cause que César ne put être averti du danger qu'il courait. Le secret de la conspiration était tombé dans l'oreille d'un esclave qui fit des efforts inouïs pour percer la foule et n'y put parvenir. Un ami de César, Arthemidor de Gnide, ayant également découvert quelque indice du complot, dans l'impossibilité de lui parler, lui fit passer un billet; César, prenant ce billet pour une requête, le remit, sans le lire, avec d'autres placets, à l'un de ses secrétaires. Comme il descendait de sa litière, un des conjurés, Lena, s'approcha de lui et lui parla longuement à l'oreille. Les sénateurs affiliés au complot se crurent un moment trahis. Mais on vit bientôt Lena baiser la main de César et s'éloigner. Il venait d'en obtenir quelque faveur.

La première personne que César rencontra à la porte du sénat fut l'augure Spurina. « Eh bien, lui dit-il en souriant, les ides de mars sont venues. — Elles ne sont point encore passées! » répondit l'augure.

Presque au même instant les sénateurs l'enveloppèrent. Ceux de nos contemporains qui ont vu Bonaparte au conseil des Cinq-Cents, dans la séance du 19 brumaire, peuvent se faire une idée de cette scène. Seulement les membres du conseil des Cinq-Cents enveloppaient la tribune où parlait Bonaparte avec des visages menaçants et des paroles de haine, tandis que les sénateurs conjurés feignaient d'accabler César de marques de respect.

Ils le conduisirent ainsi jusqu'au siége d'or qu'il occupait dans le sénat. L'un des chefs du complot, Attilius Cimber, s'approcha aussitôt de lui, et de cette façon basse et rampante que Jacques Clément devait imiter plus tard, il se jeta aux genoux de César, le suppliant de lui accorder la grâce de son frère exilé. César l'écartait du geste, objectant que ce n'était pas l'heure de lui adresser une pareille requête. Le traître, comme un serpent qui enlace sa proie, s'était accroché à sa toge. « Veux-tu donc me faire violence? » s'écria César. Attilius Cimber ne répondit point, mais il tira si fortement la robe du dictateur que César fut contraint de baisser le cou. Servilius Casca, qui s'était glissé derrière son siége, saisit cet instant et le frappa d'un premier coup de poignard près de la clavicule. « Traître, que fais-tu? » s'écrie César. Il se retourne comme un lion blessé et perce d'un coup de stylet le bras de son assassin. Mais il reçoit au même instant un coup terrible dans la poitrine, et Bucolianus, d'une main sûre, le frappe entre les deux épaules.

Dans ses sanglants récits de la guerre civile, Appien raconte que Cassius frappa César au visage. Ce vaillant homme essaya pourtant de lutter, mais Marcus Brutus parut, pâle et l'œil flamboyant comme le spectre de la mort. « Καί σύ τέκνον. — Et toi aussi, mon enfant! » lui dit-il en grec avec l'accent d'une amère tristesse. Brutus lui perça la cuisse. A travers le sang qui baignait son visage, César vit autour de lui une forêt de poignards et de glaives. Le grand homme, cessant alors une lutte inutile, se couvrit la tête de son manteau. On le vit ensuite chanceler, et, trébuchant sous les coups furieux qu'on lui portait, il alla tomber au pied d'une statue. C'était, dit-on, la statue de Pompée.

Les meurtriers ne cessèrent pas pour cela de frapper. Dans la violence et la férocité de cette lutte contre un ennemi vaincu, plusieurs d'entre eux se blessèrent. Avant le dernier coup, il avait exhalé sa grande âme.

Les assassins s'enfuirent du sénat comme s'ils eussent été épouvantés de leur crime. Le cadavre resta seul, affaissé dans une mare de sang. Il fut ensuite ramassé par trois esclaves qui rapportèrent presque furtivement à son palais le vainqueur du monde. On l'enleva si précipitamment et avec si peu de soin, que son bras, dit Suétone, pendait hors de la litière.

Le chirurgien Antistius, qui fit l'autopsie du cadavre, constata vingt-trois, d'autres disent vingt-quatre blessures. La seconde seule était mortelle.

Ainsi périt Jules César, à l'âge de cinquante-six ans, l'an de Rome 709, quarante-trois ans avant Jésus-Christ.

IX.

Nous avons patiemment et minutieusement reconstruit l'instruction du meurtre. Il en est résulté pour nous trois faits irrévocablement acquis à notre argumentation : 1° Absence de tout principe dans les motifs qui déterminèrent le crime ; 2° la certitude que les conjurés appartenaient aux classes privilégiées de la République romaine, et que le peuple n'entra pour rien dans le complot ; 3° et enfin les liens de parenté, d'amitié, de bienfaits reçus, qui unissaient les meurtriers à César, c'est-à-dire constatation des motifs individuels dans la perpétration du meurtre.

Voyons, d'un rapide coup d'œil, si les événements qui suivent confirment ce qui précède, ou le démentent.

César mort, si Cassius et Brutus ont agi véritablement au nom d'un principe opprimé, ce principe va triompher. Si ce principe se rattache aux intérêts de la démocratie, le peuple se rangera du côté des assassins de César et donnera raison aux déclamations du jacobinisme et aux mensonges de l'histoire. Bien plus, il donnera raison à cette philosophie de Mirmidons qui tend à assimiler les héros, les conquérants et les grands dictateurs au Minotaure et au sanglier d'Érymanthe.

Voici l'exposé succinct des faits.

Le sénat, qui avait le plus d'intérêt à la mort du dictateur, sent alors l'étendue de la perte que Rome vient de faire; il comprend que ce meurtre est contraire aux vues de la Providence, refuse d'entendre les assassins, et fuit du lieu de ses délibérations.

Brutus et Cassius veulent se justifier devant le peuple. Et tandis, comme le raconte Appien, qu'ils promenaient par les rues un bonnet de la liberté au bout d'une pique, ainsi que le firent les parlementaires de thermidor après l'égorgement des chefs du comité de salut public, on vit le peuple s'éloigner d'eux avec horreur. Ils furent obligés de se réfugier au Capitole, et de s'entourer de gladiateurs.

Dans leur phraséologie, certains historiens du dix-huitième siècle parlent de l'amollissement du peuple, corrompu par les délices de Rome. La vérité est qu'avant César le peuple ne goûtait guère aux délices de la vie, uniquement réservées aux patriciens, aux sénateurs, aux grands magistrats de la République. La philosophie du parlementarisme, oligarchique par le fond, oublie ici tout sentiment d'équité, et, croyant faire du républicanisme, fait simplement du privilége.

Il est d'ailleurs souverainement subversif d'accuser le peuple ; comme Ulysse, le peuple se nomme Personne. Personne ne saurait être vertueux ou coupable. Personne équivaut à multitude, multitude à ce qu'on nommait jadis élément et qu'on nomme aujourd'hui corps simple. Cela se meut, comme les corps, d'après des lois providentielles générales, d'après des instincts puissants inhérents à l'homme même.

La preuve que les assassins de César étaient contraires au sentiment démocratique, c'est que le peuple ne sentit pas ses intérêts représentés en eux, et les repoussa comme des brigands.

La mort de César fut un deuil public. On lui

rendit des honneurs funèbres extraordinaires, on le divinisa, on lui éleva un monument avec cette inscription : Au père de la patrie !

Le peuple essaya d'incendier les maisons de Brutus et de Cassius.

La tête d'un personnage que l'on prit pour un de ses meurtriers fut promenée au bout d'une pique.

La révolte des meurtriers resta inutile ; le peuple romain, au milieu des proscriptions et des guerres civiles du second triumvirat, n'en aspirait que plus vivement à une forme gouvernementale qui lui assurât du repos. L'empire fut la conséquence inévitable, nécessaire, de ces luttes impies. Le prolétariat et la petite bourgeoisie étaient las de se voir victimes des querelles de ces aristocrates républicains et de verser son sang pour des intérêts qui ne le regardaient pas.

La fatalité donna, elle aussi, raison à la logique :

Cassius se tua au moment même où son armée triomphait.

Brutus, assailli de visions nocturnes, fut défait dans les plaines de Philippes, et se tua en dépit de ses doctrines sur le suicide.

En moins de trois ans il ne restait *plus un seul* des soixante meurtriers de César. L'histoire constate qu'ils périrent tous de mort violente.

Les ides de mars furent flétries du nom de *Jours parricides !*

X.

Sans soulever la poussière des morts, sans faire retentir ces vieilles tombes des âges romains du bruit de nos querelles, il est permis, si tout ce qui précède n'est pas mensonge et vanité, d'arguer de la manière suivante :

Nous supposons ce grand débat historique porté au tribunal de la philosophie moderne, et nous disons : Au point de vue de cette philosophie, qu'est-ce qui constitue la légitimité devant l'équité absolue ? Est-ce la possession transmise ou la prise de possession ? — Ni l'une ni l'autre.

Quel est le plus légitime de la république oligarchique romaine ou de la dictature de César ? — Ni ceci, ni cela.

César et la république romaine sont donc égaux, en droit, devant l'équité, ou, si l'on veut, négativement égaux.

Mais César est supérieur en fait, parce qu'il est le plus fort ; supérieur en démocratie, parce qu'il brise un régime aristocratique oppressif et que le despotisme d'un est moins cruel que le despotisme de quelques-uns ; supérieur providentiellement, puisqu'il arrête une nation sur la pente de sa perte ; supérieur, enfin, au point de vue des lois éternelles des sociétés humaines et des conditions de son temps, puisqu'il tendit à l'unité à l'heure où il le fallait, sous peine de dissolution, que l'unité se fît.

A la base qui supporte cette figure colossale dont la grande ombre se projette à travers les âges jusque dans la société du moyen âge conçue par Charlemagne, jusque dans notre société française elle-même, reconstituée par Napoléon Ier, au socle de cette héroïque figure, on peut donc, avec une ferme conviction, tracer ces mots :

« César fut le rédempteur de la civilisation romaine. »

Pourquoi ne fonda-t-il pas la monarchie constitutionnelle ? dira l'un. Pourquoi n'organisa-t-il pas la république démocratique ? dira l'autre. Parce que la société romaine ne comportait ni république, ni royauté. Parce qu'à l'heure où vint César, la dictature impériale à Rome était le plus grand des bienfaits qu'on pût administrer à cette nation malade.

CHARLEMAGNE.

CHARLEMAGNE.

I.

La chronique du monastère de Lauresheim raconte une aventure bien connue qui s'est gravée dans l'esprit des masses. Je veux parler des amours d'Eginhard et de la fille de Charlemagne. Vainement la science contestera ou démentira l'authenticité du fait, la naïve légende sera plus forte que le document. Elle demeurera debout, indestructible comme un monument de granit. Elle vivra dans les âmes.

C'est qu'il y a en effet deux vérités en histoire, la vérité nue, celle de l'antiquaire et du chronologiste, et la vérité du poëte, celle qui parle aux imaginations et qui, à l'aide de vieux textes, de brimborions épars dans les musées, reconstruit

9.

l'idéal du passé. Avec un instinct profondément humain, les masses choisissent toujours, au sein de cette poussière des âges, quelque fraîche et touchante anecdote, où revit l'homme véritable et non l'homme de marbre et de pierre des relations officielles. Le récit glisse de bouche en bouche, sous les favorables auspices de la sympathie humaine; il gagne les générations les unes après les autres, s'étend d'idiome à idiome, de peuple à peuple et se répétera encore sur la terre, à la lueur des foyers, alors que la dernière cathédrale romane se sera écroulée, et que le dernier parchemin des temps barbares sera tombé en poussière.

Qu'importe, en effet, que le nom d'Emma ne figure point parmi ceux des filles de Charlemagne, si dans cette légende émue, l'esprit entrevoit plus intimement la vérité qu'il cherche? Que disent à mon imagination des noms obscurs et presque oubliés, à côté de cette Emma, fiancée du roi des Grecs et amoureuse d'Eginhard, archichapelain et secrétaire de son père? Suivons en effet la légende, et dans Emma nous entreverrons tout à l'heure quelque chose de plus qu'une création poétique échappée du cerveau d'un moine rêveur, quelque chose de plus qu'une fille corporelle du grand Karl, empereur d'Occident; nous entreverrons la jeune fille des premiers jours du moyen âge. Elle sera pour nous une révélation de ces temps ensevelis dans une si profonde obscurité, comme Rébecca à la fontaine, Susanne au bain, Ruth glanant dans les champs de Booz, sont des révélations des temps bibliques.

Eginhard est parvenu à s'introduire dans la chambre d'Emma. Dans les transports de l'amour il a oublié l'heure. L'aurore d'une nuit d'hiver apparait, pâle et craintive comme un huissier qui guette le soleil levant. Les amants dénouent leurs bras enlacés. Leurs yeux, noyés encore dans les langueurs de la volupté, se tournent avec effroi vers les vitraux ternis. Il me semble que je vois leur tiède haleine fondre le givre dépoli, et les doigts roses de la jeune fille passer sur les vitraux. Les amants ne se sont pas trompés. Hélas! cette lueur pâle qui blanchissait la fenêtre, c'est la neige tombée en silence durant cette nuit si courte. Elle couvre la terre, prête à recevoir l'empreinte des pieds d'Eginhard. L'amant se désespère, mais Emma le rassure avec un sourire. Elle lui dit qu'elle s'inclinera devant lui et le portera sur son dos.

Je ne sais ce que penseront de ceci les princesses du siècle, mais à cette simple action, l'imagination charmée s'arrête. On se sent saisi de respect devant ce mélange de force et d'humilité. Nous retrouvons ici la femme du moyen âge, la Griselidis qui reconnaissait son maître et seigneur aux coups qu'il lui donnait. Emma s'incline devant son amant, son maître, car cet amant est déjà un époux. Mais ne pensez-vous pas qu'une époque qui commence par de telles femmes est jeune et pleine de promesses? Quels hommes ne sortiront pas des flancs de celle qui portait ainsi son amant sur son dos! O courtisanes des derniers jours de Rome, qui traîniez vos membres alanguis sur la pourpre de vos lits toujours tièdes, ô matrones à bout de rêves amoureux, lasses des mystères mêmes, et fouillant encore dans le bleu sans fond de l'inassouvissement et de la satiété, ô vierges si jeunes dressées aux manières galantes, si jeunes corrompues dans les cirques et les bains, laquelle d'entre vous eût été capable de l'action de cette fille d'un empereur barbare, qui, du temps de César, prisonnière des Romains, eût lavé votre linge aux eaux des fleuves de l'exil?

C'est par de tels traits ou d'autres analogues, qu'on retrouve semés dans les récits et les légendes, dont l'histoire fait souvent trop peu de cas, que s'annoncent les jeunes époques. Il est aisé de le voir : à la naïveté, à la foi, à la force qui éclatent dans ces actes, l'avenir s'ouvre devant les générations où ils s'accomplissent. Des amours d'Emma et d'Eginhard va naître en quelque sorte une forte race, une société nouvelle, la société du moyen âge.

L'empereur Karl à son tour va paraître, et comme sa fille, il se manifestera sous cet aspect simple;

typique, des hommes du commencement. Le roi des premiers âges est toujours conforme à l'idée générale de la royauté; les nuances n'apparaissent que plus tard. C'est ainsi que dans l'art, chez toutes les nations civilisées, les grands types humains sont l'œuvre des premiers maîtres. Plaute crée l'avare, Molière crée l'*Avare*, plus tard un écrivain spirituel tracera le portrait d'un certain avare. Mais quiconque, à Rome, sera venu après Plaute; à Paris, après Molière, n'aura plus d'accès au type; il devra descendre aux nuances.

Le roi ne dormait pas, dit la légende. L'imagination se représente en effet le grand homme, courbé sous la lampe, le pasteur du peuple tenu éveillé par les soucis de ce lourd fardeau du gouvernement des nations. Il vit tout d'une fenêtre de son palais, et ce spectacle le frappa de douleur et d'admiration.

Je ne crois pas qu'un peintre de notre temps fût d'assez bonne foi pour rendre aisément ce tableau. Un imagier à deux sous oserait seul essayer de reproduire la légende. La muse naïve des cloîtres, aux premiers temps chrétiens, semble avoir inspiré le burin de ces artistes ignorants et obscurs, représentants de l'art dans les chaumières. Il me semble voir l'image ainsi faite : Emma, blonde, en robe verte, tenant sa jupe relevée, marche courbée dans la neige. Sur son dos se tient Eginhard, la moustache noire, vêtu d'un justaucorps violet, les deux bras passés autour du cou de sa maîtresse, et les deux jambes appuyées sur les hanches de la jeune fille. Le palais de Charlemagne est peint en jaune, hérissé de créneaux formidables et ajouré d'étroits pertuis. A la fenêtre d'une tour on aperçoit, les bras levés au ciel, le roi, en robe rouge, avec sa longue barbe blanche et sa couronne d'or.

Le drame est là tout entier. Un peintre eût ôté la couronne du monarque et cherché à donner à l'attitude d'Eginhard, sur le dos d'Emma, quelque chose de moins chevauchant. Le peintre eût tout gâté. L'imagier reste conforme au légendaire.

L'empereur, qui représente la sagesse, étouffe sa colère et médite. Il assemble sa cour et demande avis à ses conseillers. Les courtisans cherchent à deviner la pensée secrète du maître, et chacun répond dans le sens qu'il imagine être le plus agréable au monarque. On voit que tous les acteurs sont conformes à l'idée générale de leur type, et que cet esprit du commencement que nous avons signalé apparaît partout. Ce n'est plus évidemment une société qui s'achève, ce n'est pas même la transition barbare qui finit, c'est l'époque nouvelle inconnue, qui va naître. Les types sont formés. « Je vous donne votre *porteuse*, dit Charlemagne à Eginhard. » Il insiste sur le fait qu'Emma a reconnu son maître, en rappelant qu'elle a ceint sa robe, qu'elle s'est courbée et qu'elle l'a *déjà* docilement porté. Une vieille époque eût trouvé, au lieu de cela, des expressions galantes et impures, et flétri la pensée en conservant ce que l'on nomme complaisamment l'honnêteté du langage.

Le caractère de Charlemage, surtout l'esprit de son règne, apparaissent dans ce pardon d'un père et d'un monarque offensé. Ce n'est évidemment pas à l'amant de sa fille qu'il pardonne. S'il rend un bienfait pour une injure, ce n'est pas seulement que son cœur se soit ému. Le cœur des rois bat pour d'autres passions. En pardonnant à Eginhard, en lui donnant sa fille, il a voulu honorer devant ses paladins réunis, aux yeux de son siècle attentif, la science dans la personne du savant homme, de l'historiographe de son règne.

Quel dommage, si tout cela n'était qu'une fable! Mais Emma ou Imma n'est pas une fille de l'imagination. Elle a vécu, elle a aimé, elle a été la compagne adorée d'Eginhard. Un jour les beaux cheveux blonds de l'image ont blanchi; les jeunes amants sont devenus de vieux époux, et, selon un usage fort répandu alors, ils se sont retirés chacun dans une abbaye, pour y finir pieusement leurs jours. C'est du monastère de Lauresheim qu'Eginhard écrivit à son ami Loup cette lettre si touchante dans laquelle il exprime les regrets que lui cause la mort d'Emma.

La légende, on le voit, repose sur quelque chose de plus qu'une fiction. Mais fût-elle purement imaginaire, elle n'en reste pas moins empreinte de ce caractère de jeunesse, de simplicité, de grandeur, qui annonce dans une société le retour à l'espérance et l'essor vers un nouvel idéal.

C'est en vain qu'on voudrait d'ailleurs dépouiller le fondateur de la société du moyen âge de cette physionomie presque merveilleuse dont le revêt l'imagination des masses. Charlemagne sera toujours le héros grave et majestueux du poëme fleuri de l'Arioste. L'histoire s'y prête d'elle-même. N'est-ce pas à Charlemagne que le héros des *Mille et une nuits*, Haroun-al-Raschid, le calife de Bagdad, fit présent de la première horloge sonnante?

Dans la pensée du peuple, les hommes de ces siècles reculés étaient, selon le langage des peintres, *plus grands que nature*. La vérité est que leurs armes, exposées dans nos musées, nous étonnent par leur dimension et leur pesanteur. De même qu'aux époques paléontologiques, où le règne animal se manifestait par la formation de gigantesques mammifères et de sauriens monstrueux, qui ont disparu à mesure que s'est opéré le classement définitif de la nature; de même au seuil de cette société embryogénique des huitième et neuvième siècles, l'homme se produit dans l'imagination des masses sous un aspect colossal. Tel n'apparaît jamais l'individu des époques de décadence. Petits hommes, lequel d'entre eux ne se mesure à la taille des Romains du Bas-Empire ? Mais qui songerait à lever l'épée de Roland ?

Au plus profond d'une gorge des Pyrénées, s'étendent sur le sol d'énormes pierres grises. La nature les a disposées dans la pente inclinée des pierres tumulaires. Elles recouvrent, disent les paysans, des héros morts dans un combat fameux. Ce sont les tombes des guerriers de Roncevaux.

Sans doute, cela n'est pas physiquement vrai. Le squelette de Roland n'a pas besoin de tant d'espace, il tiendrait dans le cercueil d'un avocat; mais telle est la puissance de la légende, que, malgré les démentis de la science, l'imagination les verra toujours grands. Et qui oserait, au total, affirmer que tels ils ne sont pas, puisque tels ils apparaissent, et que l'objet n'existe pas réellement pour nous dans la juste proportion où nous nous le figurons ? L'œil du bœuf voit plus grand que celui de l'homme.

Pour nous, qui aimons à nous identifier avec le sentiment des masses, Charlemagne restera toujours le grand, le magnanime Karl, toujours conforme à l'esprit des poëmes et des légendes; merveilleux comme tout homme du commencement, consolant à l'esprit, plein de force et de foi, marchant en avant, entraînant son siècle, parce que son siècle sait que ce puissant chef s'avance à la conquête d'une régénération sociale.

Voyons donc si le guerrier, si le politique sont à la hauteur du héros des légendes, et si l'histoire et la fable ne se tiennent pas en somme de plus près qu'on ne pense.

II.

Qu'était-ce d'abord que cette société barbare, sur le déclin de laquelle apparut Charlemagne? Est-ce en effet une société? et si elle mérite ce nom, à quelle époque précise fixer son origine? La société barbare comme celle de Rome, comme celle du moyen âge en France, s'est-elle annoncée par ces actes puissants et héroïques qui se gravent dans la mémoire des hommes?

A nos yeux, la société barbare n'existe point : c'est une époque limbique, si l'on peut ainsi s'exprimer; car pour la constater il faudrait fixer son origine, saisir sa molécule politique, c'est-à-dire l'essence de son principe, le signe réel, organique de son existence. Or, en regardant d'un peu haut le drame de l'humanité, c'est à la naissance même du Christ qu'il faudrait placer l'origine de la société barbare; et cela impliquerait un non-sens. Rome, sortant des mains d'Auguste, était alors dans tout l'éclat de son génie et de sa puissance. Sans doute

César avait galvanisé un corps expirant de pléthore, mais la décomposition ne pouvait se faire que lentement, successivement, par gradations peu sensibles. A moins qu'on ne veuille voir dans un fait matériel, la translation du siége de l'empire à Constantinople, le fait décisif qui précipita dans l'abîme la puissance romaine, et créa cette étrange manière d'être des peuples conquis et surconquis, où placer cette origine obscure ?

Quant à la molécule politique, faut-il la chercher dans l'esclave, dans le colon, dans l'homme libre ? Qu'est-ce que l'homme libre à une époque où nous le voyons se précipiter, avec un entraînement difficile à comprendre aujourd'hui (il avait, nous le remarquerons, sa forte raison d'être), dans cette rude hiérarchie qui forma le lien social du moyen âge ?

A cette négation de la société barbare, des historiens nous opposeront l'organisation des Gaules en provinces, en cités, en districts, la division des classes en ordres, les familles sénatoriales, les décuries, les corporations, une administration civile et militaire ; mais c'était là le vieux squelette de l'organisation romaine qui chaque jour tombait en poussière. Les Gaulois demi-Romains et les Romains demi-Gaulois avaient trouvé des maîtres communs. L'empire d'Occident était mort au cinquième siècle avec Augustule, le bien nommé ; et le siècle suivant, sous Justinien, Rome perdit dans les Gaules jusqu'aux dernières traces de sa souveraineté. Les lois barbares se greffaient sur les lois gallo-romaines ; les Bourguignons venaient avec leurs coutumes, les Ripuaires avec les lois ripuaires, les Francs avec leurs lois saliques, et les rois de la seconde race avec leurs capitulaires, dans lesquelles se confondaient ripuaires, saliques, lombardes et autres.

Dans les villes seulement se conservait le dépôt de ce droit romain qui vit encore dans nos codes. Le génie de Rome respire dans nos communes, dans les dispositions de nos lois sur la propriété, jusque dans nos règlements de voirie et de travaux publics. Nos écoles abusent même des souvenirs latins. Il faut donc remonter jusqu'à la civilisation romaine pour expliquer la civilisation moderne.

Remarquons d'ailleurs que le principe salique n'est pas moins vivant de nos jours que le génie romain. Une civilisation est un composé parcellaire qui a trouvé son plan ou son harmonie.

Jamais, d'ailleurs, l'étincelle de génie romain qui brille encore dans notre civilisation avancée ne fut ensevelie sous des cendres plus épaisses qu'à la fin de l'époque barbare. Comme s'il eût senti qu'il s'était trop attardé sur la face du monde, le Romain dans les Gaules laissait croître sa barbe et ses cheveux, afin de ressembler aux hommes nouveaux.

Et pourtant, la société nouvelle n'avait pas trouvé sa loi de formation. Agités dans un flux et un reflux permanents, les atomes sociaux cherchaient leurs affinités. Ce n'est qu'au moment où l'attraction manifesta en quelque sorte son courant conducteur qu'apparut la molécule politique. Tous les atomes se précipitèrent dans la même direction : le fief. Nous assisterons plus loin à ce curieux spectacle qu'on pourrait en quelque sorte nommer la cristallisation du moyen âge.

Si nous cherchons la société barbare dans les grossiers récits d'Amien Marcellin, nous assistons au spectacle d'une anarchie violente où règne en souverain le hasard des armes. La fin du quatrième siècle (378) offre le tableau d'une de ces tueries confuses et effrénées, comme en imagina le sauvage pinceau du peintre Delacroix. Des crimes au palais, des révoltes sur la place publique, des batailles aux champs; et si de l'orient nous nous transportons à l'occident, du midi au nord, si nous nous laissons dériver avec le courant des siècles dans les derniers retraits des contrées barbares, nous retrouvons les mêmes agitations, les mêmes désordres, la même férocité, la même ignorance, une ignorance plus épaisse encore, la même absence de toute harmonie sociale. Ce sont les hordes conquérantes, les Bourguignons, les Francs, aux prises avec les bandes païennes du Nord, sur un sol deux fois vaincu.

Quant aux deux éléments de conservation : la famille et le travail, on imagine aisément quelle devait être leur condition dans un pareil milieu. Les villes, transformées en forteresses, contribuaient presque seules à la production. Mais le commerce, exposé au pillage, privé de voies de communication par la destruction des routes et des ponts et par les mille ravages de la guerre, était presque anéanti. Il n'était pas rare, d'ailleurs, qu'une bande de Saxons fondît sur la ville et s'en emparât, jusqu'à ce que des maîtres plus forts les en eussent chassés.

Les campagnes désertes, incultes, servaient en quelque sorte aux bandes et hordes de terrains d'évolutions. Les tribus se faisaient une gloire sauvage de laisser autour d'elles le plus d'espace possible livré à la morne solitude. Çà et là, quelques groupes d'esclaves remuaient le sol, dirigés par des colons belliqueux eux-mêmes et plus disposés à la guerre qu'à l'agriculture. Ces exploitations précaires disparaissaient aussi aisément qu'elles se formaient. Les terrains d'alluvion sont ainsi longtemps exposés à l'envahissement des eaux, jusqu'à ce que le temps les ait décidément découverts au soleil. La guerre, comme un déluge, ne permettait à aucune institution, à aucun travail, de se fixer au sol.

Ce fait me paraît être le trait caractéristique de l'époque barbare. La vie des nations n'était pas alors fixée au placenta géographique. La race, l'idiome, le dogme religieux, sont les trois éléments primordiaux des nationalités. Les nations n'étaient que des bandes ou tribus menant une vie errante. Tel fut l'état des Francs et des Bourguignons conquérants.

Le nombre d'individus dont se composait un peuple est à peine croyable. Les Francs n'étaient que quelques milliers d'hommes sous Clovis. Les soixante mille Bourguignons que l'on comptait alors formaient, à côté de la bande franque, un grand peuple.

Sa loi marchait avec la tribu ; elle suivait l'individu. Selon l'expression de M. de Savigny [1], chaque homme faisait en cas de procès sa *profession de loi*. On le jugeait ensuite selon sa loi d'origine. Il portait la loi, comme la patrie, à la semelle de sa chaussure.

La gloire de la féodalité sera d'avoir immobilisé la loi errante comme l'homme et de l'avoir fixée au sol avec la nation.

Je sais bien que des personnes pieuses et lettrées, frappées de la grandeur et de la magnificence des controverses religieuses dans les premiers siècles de la chrétienté, répugneront à adopter ces conclusions. A leurs yeux, non-seulement la société barbare existe, mais elle est infiniment moins barbare que ne le disent les historiens. Pour elles, la société

[1] *Histoire du droit romain au moyen âge.*

existe, puisqu'elle se manifeste sous les deux plus grands aspects qu'on puisse envisager : l'aspect religieux et l'aspect intellectuel.

De ces deux manifestations sociales, une seule existe en effet : l'esprit du dogme nouveau. Les lettres profanes sont mortes. Rome, Athènes et le Christ vivent étrangement dans le crâne des penseurs. Mais il n'existe en réalité qu'une littérature, la littérature sacrée. Ce sont des prélats, des saints, les savants et les dignitaires de l'Église, qui tiennent la plume. Et s'ils empruntent aux anciens les grâces et les beautés du langage, c'est qu'ils veulent parer l'idée chrétienne, envelopper sous la magie du style ses austères apparences; c'est que d'ailleurs la langue nouvelle n'existe pas, qu'ils écrivent dans celle des anciens et qu'ils sont bien forcés d'en suivre les meilleurs modèles.

Réduite à ce seul et réel aspect, la société barbare existe-t-elle? Ou, pour élever la question en la généralisant, la manifestation de l'idée religieuse suffit-elle à prouver l'existence d'une société? Nous ne le pensons pas. A nos yeux, les civilisations ne sont que le produit du développement intégral d'un dogme, mais nous croyons que le dogme préexiste à la formation des sociétés, et l'histoire nous le prouve. Le dogme n'est autre chose que le principe vital destiné à animer un embryon inconnu. Ce principe vital, qu'on le cherche dans un germe humain ou dans un grain de blé, préexiste toujours à l'arrangement des molécules organiques.

Il est à remarquer d'ailleurs que ces grandes et exclusives manifestations de l'esprit religieux sont des phénomènes du commencement. A mesure que les civilisations vieillissent, la société civile prend plus d'importance et finit par engloutir la société religieuse. De sorte qu'on voit des civilisations, encore dans tout l'éclat de leur puissance militaire, économique et littéraire, dont le principe vital s'est presque entièrement retiré. Les civilisations survivent aux dogmes. Rome ne croyait plus à ses dieux, qu'elle était encore maîtresse du monde.

Même sur ce dernier terrain, où les imaginations pieuses aiment à livrer un suprême combat aux contempteurs des premiers temps chrétiens, l'histoire sortirait aisément victorieuse. Jamais l'Église ne fut en proie d'une manière plus violente aux tiraillements du schisme que sous la société barbare. L'ère chrétienne cherchait son assiette, et comme tout s'enchaîne dans ce monde infini, depuis l'idée jusqu'à l'atome, il fallait, pour qu'elle pût la trouver, que la société se formât. Le culte comme la loi cherchaient un point fixe. Ce point, ils allaient le trouver dans la formation du fief. C'est dans la société du moyen âge que le génie propre du christianisme allait trouver le milieu conditionnel de son développement.

Ainsi l'époque barbare peut se résumer de la manière suivante : point d'unité religieuse, point de fixité dans la société civile, point de commerce, point d'administration, point d'agriculture, ni art, ni belles-lettres profanes ; en un mot point de société.

Qu'est-ce donc que cette désagrégation générale des principes constitutifs, sinon l'un des mystères palingénésiques qui président à la renaissance des civilisations comme à celle des choses et des êtres ? Et si pendant des siècles un tel état a pu durer, si pendant des siècles les peuples, réduits en hordes, n'ont cessé de se heurter comme les flots de la mer, si les idées se sont broyées les unes contre les autres, si les hommes ont vu périr dans un conflit terrible tout ce qui avait fait la gloire du vieux monde et substituer aux splendeurs de Rome et d'Athènes les ténèbres de la barbarie, c'est que le cadavre d'une civilisation ne pourrit pas en un jour.

La société barbare n'est au total que le foyer de combustion où vinrent se fondre tous les éléments païens, ceux du Nord comme ceux du Midi, le culte de Jupiter et de Mars comme celui d'Odin et du dieu Thor. Charlemagne ne sera le père de la société du moyen âge que parce qu'il fut le représentant de cette pensée. Il convertit les peuples à la pointe du glaive ; il fut l'épée de l'Église. Il acheva le paganisme du tranchant de sa hache... Mais il n'est pas temps encore de définir son action et son rôle.

A la suite de cette rapide esquisse de l'époque barbare, il nous est impossible de ne pas songer à ce que nous disions au début de cet essai. Quel sujet de réflexion et de doute pour les esprits sincères égarés dans la croyance du progrès intégral! Qu'est-ce donc que ce voile profond que la Providence jette à dessein entre la société antique expirante et la société moderne? qu'est-ce que cette désagrégation de tous les vieux principes? qu'est-ce que cette décadence complète, sinon le signe évident de la décomposition sociale, comme le refroidissement est le signe de la mort dans l'homme? Et quand le monde nouveau se reproduira, que restera-t-il du passé, si l'on en retire quelques souvenirs classiques, des parcelles de droit romain, quelques marbres inimitables ensevelis dans nos musées? Et si le progrès permanent, intégral, est la loi de l'humanité, pourquoi l'humble légende tracée par un moine indolent des monastères du neuvième siècle n'est-elle pas supérieure et en progrès sur Virgile ou sur Tacite? pourquoi les bas-reliefs d'une de nos gothiques cathédrales ne dépassent-ils pas les bas-reliefs du Parthénon, mais peuvent à peine leur être égalés, en tenant compte des genres profondément différents qui les distinguent? Le signe d'un plan général d'équipollence et de variétés éternelles ne se trahit-il pas dans ces intervalles de décomposition et dans ces différences profondes? L'humble légende qui recommence dans un style barbare, mais avec son génie propre, une littérature qui sera un jour celle de Bossuet, de Pascal, ne prouve-t-elle pas le plan d'une vie nouvelle qui n'emprunte que selon la loi, comme la partie emprunte au tout? Où serait alors la signification de l'époque barbare?

III.

Ces vastes aspects que leur éloignement permet seul d'envisager d'un coup d'œil passaient inaperçus aux yeux des contemporains. Comme chacun vivait selon sa loi, nul ne s'apercevait des transformations capitales qui s'accomplissaient. Le Romain et le Gaulois ne tenaient pas compte de la dissolution des anciennes divisions des Gaules. Les dix-sept provinces, morcelées depuis Clovis par des partages successifs, à la mort des rois francs avaient perdu leur unité. Le corps politique romain disparaissait dans les Gaules, la société civile romaine diminuait et se concentrait dans les villes où se prolongeait son agonie. Fait significatif et qui marque bien la puissance vitale du principe nouveau. De l'ancienne organisation romaine en Gaule il ne restait plus que les dix-sept archevêchés fonctionnant sous les rois francs devenus chrétiens eux-mêmes, et agissant vis-à-vis de leurs inférieurs dans la liberté d'un pouvoir que nul ne conteste et n'entrave. Ainsi, de Rome il ne reste que ce qui fut la perte et la condamnation de Rome païenne ; il ne reste, dis-je, que l'élément chrétien. La formation du monde nouveau ne peut se manifester d'une manière plus évidente.

Il importait de rappeler sommairement ces faits, afin de mieux détacher l'action de Charlemagne qui rompt si étrangement avec son époque. Ce qu'il y a de singulier, en effet, dans le rôle de ce grand homme, c'est qu'il crée une organisation entièrement contradictoire au plan providentiel de son siècle, qu'il semble ne pas entrer dans le mouvement social, qu'il impose à ses peuples sa conception personnelle et que son œuvre politique meurt presque entièrement avec lui. Et quand le grand monarque qui s'était, pour ainsi dire, placé en travers de la destinée s'est couché dans la tombe, le flot passe par-dessus lui. Le travail lent et anonyme de la Providence, en apparence interrompu, continue le tissu serré de la trame nouvelle.

Je dis en apparence interrompu, parce qu'en effet Charlemagne, malgré sa politique monarchique si en avant de son siècle, n'en restera pas moins le père de la société du moyen âge, société où domine, ne l'oublions pas, l'élément religieux.

Un mot encore à propos de la formation du fief, car, quelque grand que l'homme nous apparaisse, quelque puissant concours qu'il prête à la Providence, il importe de bien dégager cette vérité historique : que les sociétés se font d'elles-mêmes.

Nous voyons dans la nature les molécules se diriger selon leurs attractions. Cette grande loi, révélée par la science moderne, est applicable politiquement à l'homme. Quelle est en société la loi d'attraction des individus et des peuples ? La sécurité, la conservation de soi-même. Que pouvait-elle produire à l'origine du moyen âge, sinon le fief ?

Qu'on daigne en effet se représenter des contrées sans cesse désolées par des invasions à main armée ; qu'on se figure l'anxiété, l'incertitude, la fatigue d'âme qui devaient en résulter, et l'on comprendra cet universel besoin de protection d'où naquit la hiérarchie féodale. Que devait-il logiquement surgir de cet état guerroyant, sinon des forteresses formidables s'élevant de toutes parts sur les rochers les plus inaccessibles, et sous les murs desquelles venaient chercher protection la famille et le travail ?

Le fief imaginé, le fief devient tout. Tout tend à affecter cette forme dans laquelle chacun sent l'attraction d'une garantie. Il faut ajouter que cette forme n'a pas encore été ruinée dans l'esprit des peuples par les abus qu'elle engendra.

Henrion de Pansey a flétri la loi du fief en la qualifiant de « loi du plus fort [1] ». Mais, en se reportant à ces temps d'anarchie, n'était-ce pas quelque chose que cette organisation légale de la force ? N'était-ce pas la transformation, grossière il est vrai, de la force en loi ?

Le besoin de garantie ne fut pas, nous le savons, le seul motif qui accéléra la formation du fief. Dans les classes élevées cette formation eut des causes moins respectables. Elle naquit de la cupidité des hommes libres et d'un faux calcul de la monarchie. Au premier aspect, la transmutation de l'alleu en fief semblait en effet devoir augmenter la puissance des rois. Elle tourna contre eux... Je rappellerai en peu de mots cette théorie.

Le possesseur de l'alleu, afin de jouir des priviléges attachés au vassalat royal, faisait don de son alleu au roi. Celui-ci le lui rendait à titre de fief ou d'usufruit. Le vassal désignait au roi son successeur au fief. Notons ce fait, qui mène droit à l'hérédité et qui, joint au principe salique, conduit à la constitution économique de la noblesse. Sous le haut servage du roi, le vassal se trouvait plus libre qu'auparavant par les priviléges sans cesse grandissants qui s'attachèrent au fief. On vit alors une sorte d'émulation de servage dont on se rend malai-

[1] *Autorité judiciaire en France.*

sément compte aujourd'hui, mais qui s'explique par l'intérêt et le besoin de protection. Francs, Gaulois, Romains s'y précipitaient à l'envi. Il y eut de grands et de petits vassaux, des sous-vassaux, ou vavassaux, et des serfs. Insensiblement ce qui restait de Rachimbourg, de *boni homines*, ou autres hommes libres, se trouvait en quelque sorte déclassé et précipité dans l'entraînement général.

Comme le roi avait le droit, dans certains cas prévus, de retirer le fief à son vassal, que ce vassal lui devait fidélité, etc., il semblait que la monarchie eût puisé dans cette organisation une énorme puissance. Mais on remarquera que le fief, placé vis-à-vis de la couronne dans la condition d'une nue propriété, ne devint plus qu'une propriété fictive. L'usufruitier se trouva plus riche que le propriétaire. Et quand l'hérédité du fief passa dans les lois, la royauté n'exista plus que de nom. L'oligarchie aristocratique était constituée et la souveraineté royale se réduisit à une impuissante suzeraineté.

En même temps que la noblesse trouvait son assiette économique, l'Église constituait aussi la sienne par l'organisation de la dîme. Mais ceci fut l'œuvre de Charlemagne et rentre dans l'exposition de son règne.

Un fait économique, très-supérieur à l'institution de la dîme, donna peut-être naissance d'ailleurs à la fortune de l'Église. Au point de vue économique, la dîme, comme le fief, fut plutôt un résultat qu'une cause, l'œuvre du temps que celle de la politique.

Sous les rois de la première race on remarque dans la propriété, comme dans le travail, comme dans la loi, un flux et un reflux permanent qui l'empêche de se fixer. La propriété passe sans cesse des gens de guerre aux gens d'église, et réciproquement. Les Normands, par leurs continuelles invasions, engendraient ce phénomène qui suscitait de graves embarras à l'État par les récriminations qui en étaient la conséquence. Les Normands s'emparaient des biens des monastères. Les rois francs les leur reprenaient et les partageaient entre leurs hommes d'armes. Le clergé se répandait alors en plaintes amères. Au besoin, il avait recours à des menaces ou à de mystérieuses manœuvres. On sait qu'un moine prétendit avoir vu dans une vision surnaturelle Charles Martel tourmenté par le diable, en punition des bénéfices ou fiefs qu'il avait créés avec les biens du clergé en faveur de ses hommes d'armes. Cette légende eut un tel crédit que beaucoup de seigneurs, dans la crainte d'un pareil châtiment, faisaient de grandes donations à l'Église.

La dîme, dont nous expliquerons plus loin la naissance et l'organisation, mit fin à ces querelles et contribua, comme le fief, à fixer la propriété. Mais elle ne la fixa qu'en lui imposant une charge. Au point de vue du développement de la société chrétienne, elle eut pour avantage de constituer l'assiette économique de l'Église.

Tels furent en général les principes de formation au milieu desquels naquit Charlemagne. Il nous reste à savoir comment il les seconda.

IV.

Charles avait environ vingt-cinq ans lorsqu'il fut couronné à Noyon roi de Bourgogne et de Neustrie. La mort de son frère Carloman le mit en possession de l'Austrasie. L'Aquitaine lui resta après qu'il eut vaincu le vieux duc Hunauld.

Si les civilisations se forment d'elles-mêmes, on n'en saurait dire autant des monarchies, des empires et des républiques. L'habileté, l'audace, quelquefois la violence, déterminent souvent ces phénomènes secondaires de la vie des nations.

Soit que déjà la pensée d'égaler un jour César ou Constantin eût germé dans le cerveau de ce petit roi barbare, soit que le seul instinct d'une destinée supérieure et d'une grande ambition lui ôtât le sentiment de l'équité, ses premiers pas furent marqués par une violation du droit. Carloman avait eu deux fils, qui perdirent ainsi l'héritage du royaume de leur père.

Il est curieux de suivre l'enchaînement des faits qui groupèrent successivement autour du petit noyau de l'héritage paternel les éléments qui plus tard devaient constituer l'empire. Chaque fait a pour origine le pur développement d'une colossale individualité qui superpose à toute autre considération sa volonté personnelle. C'est ainsi que le principe héréditaire se trouve quelquefois absorbé par la seule puissance du génie.

En peu d'années, il épouse trois femmes : Himiltrude, qui lui donna pour fils Pepin ; Hermengarde, sœur de Désidérius, roi des Lombards, et Heldegarde, princesse allemande. Il répudia les deux premières. Qui eût pu prévoir que la répudiation d'Hermengarde lui préparait des moyens d'action pour arriver à l'empire et le jetterait sur le chemin de Rome ?

Indépendamment des affaires d'Italie, la vie militaire de Charlemagne se divise en deux parts : les guerres contre les Saxons et contre les Sarrasins, contre les païens du nord et contre les païens du midi. Là est son œuvre, là est le caractère de son rôle. Ses guerres contre les idolâtres lui prêtaient en outre, dans ces temps de ferveur religieuse, je ne sais quelle physionomie merveilleuse qui le grandit puissamment dans l'imagination des peuples. Sous le nom de Saxons on désignait alors des hordes qui occupaient les vastes espaces compris entre la Bohême et la Norwége inclusivement. C'étaient des débris des anciens Scythes, des Cattes, des Chérusques, des Tructères, etc. Ils occupaient également l'Angleterre et l'Écosse, formant autour des petits rois francs, à qui la Providence confiait le dépôt de la civilisation future, une ligne d'ennemis redoutables. Ces hordes, contenues à grand'peine par les prédécesseurs de Charlemagne, causaient une inquiétude permanente. La rudesse de leurs mœurs, leurs pratiques religieuses plus que leur férocité sans doute, jetaient l'effroi dans les populations. Charlemagne, au lieu de les attendre, les alla combattre jusqu'au fond de leurs contrées sauvages. Il brisa leurs idoles et dispersa leurs autels. Il les fit baptiser, transporta dix mille familles de ces peuples en Flandre, en France, à Rome même, remplaça, suivant le système romain, ces absents par des colonies franques, donna des évêques aux vaincus et les laissa sous bonne garde. Il institua en outre au bourg de Dortmund une cour weimique, ou tribunal secret, qui faisait frapper à mort le Saxon mauvais chrétien, ou soupçonné de retour à l'idolâtrie.

Que la politique du prince ait ici dépassé les limites de la justice et de l'humanité, rien n'est plus évident. Mais à ne considérer la lutte que dans ses hauteurs théogoniques, ces humbles et funestes annales de l'iniquité humaine perdent l'importance que leur donnent nos passions. Pour les générations de l'avenir, il ne s'agit ici que de la lutte de deux principes religieux, le paganisme et le christianisme. Il n'y a de digne d'intérêt que ce combat surhumain. L'important c'est que le dogme nouveau triomphe, que les lois de l'éternelle régénération s'accomplissent, qu'une civilisation nouvelle se fonde. Quant à Charlemagne, on ne l'aperçoit plus. Si grand qu'apparaisse son génie aux yeux du chroniqueur, devant la philosophie de l'histoire, ce n'est plus un homme, c'est un glaive qui va d'un bout de l'horizon à l'autre, fauchant les rangs païens et les couchant sur le sol, comme des épis mûrs.

Comme si la Providence eût voulu donner plus de solennité à ce duel suprême et frapper l'esprit des hommes d'un ineffaçable souvenir, en face du héros chrétien, elle suscita le héros du paganisme; à Charlemagne elle opposa Vitikind, qui avait réuni sous son commandement la plupart des hordes païennes. Une lutte de géants s'engagea. Elle fut longue et sanglante. Longtemps l'existence des deux principes demeura suspendue à l'éclair de ces deux épées. Vitikind commandait à des Slaves, à des Souabes, à des Normands, à des Danois, etc. Il fondit sur les Francs et massacra tout ce qui se trouva sur son passage, n'épargnant surtout ni les prêtres, ni les moines. Charlemagne le vainquit sur les bords de la Lippe, perdit et reprit ses avantages, et se fit livrer quatre mille des Saxons les plus belliqueux. Sur son ordre, et lui présent, ils eurent la tête tranchée.

Ce carnage de plusieurs années fut enfin terminé par une boucherie générale qu'on nomma *la battue du prince Charles*. Cette chasse à l'homme, qui sur une vaste échelle offre un tableau analogue aux plus tristes épisodes de la guerre de Vendée, fut conduite par le fils aîné de Charlemagne, le prince Charles, qui mourut avant d'arriver au trône. Il parcourut en tout sens, avec un grand corps d'armée, le pays saxon. Chaque rocher, chaque forêt, chaque montagne, resta marquée de sang humain. Partout où s'élevait un toit, l'incendie éclaira le ciel de ses lueurs sinistres. Trente mille Saxons furent égorgés dans cette guerre aux païens. L'esprit frappé devant un pareil holocauste, Vitikind vint au palais d'Attigny. Il rendit hommage à Charlemagne et reçut le baptême.

Cette dernière circonstance acquiert une grande valeur de la part d'un homme tel que Vitikind. Dans la conversion d'un héros qui avait tant de fois prouvé son mépris de la vie, ne croit-on pas voir le paganisme abjurant devant l'évidence d'un principe supérieur? Peut-être même qu'à la grandeur des coups, ces barbares sentirent la puissance d'un Dieu plus fort. Les imaginations furent frappées avant que la raison eût parlé.

Les guerres de Charlemagne en Espagne, contre les Sarrasins, eurent beaucoup moins d'importance, mais le prestige de cette renommée éclatante s'en accrut. Tel est l'effet ordinaire des guerres lointaines contre des ennemis inconnus. Bonaparte revenant d'Égypte apparaissait comme un demi-dieu devant les multitudes.

La légende s'attacha surtout à cette partie de la carrière de Charlemagne. La défaite de Roncevaux eut lieu dans cette guerre. Les récits fabuleux du moine qui prit le nom d'archevêque Turpin, le poëme de l'Arioste, racontent cette expédition.

L'extermination du paganisme, telle est l'idée qui se dégage naturellement des guerres de Charlemagne. Une autre pensée qui se rattache plus particulièrement à l'homme, dont elle flatte les ambitions, guida sa politique : la fondation d'un empire chrétien d'Occident en des mains franques ou françaises. Quant à l'aperception de cette société nouvelle dont il devenait le père en exterminant le paganisme, elle ne vint pas jusqu'à lui. Il n'entrevit rien du régime féodal, contre lequel proteste son œuvre politique. Le génie de l'unité qui résidait en lui se fût révolté à l'aspect de cette oligarchie, dans laquelle allait disparaître la puissance royale.

Quoique Rome chrétienne ne fût plus que le spectre d'elle-même, c'est encore vers Rome que se tournaient les intelligences. L'esprit du monde, religion, politique, sciences et arts, résidait dans cet antique foyer de lumières intellectuelles, héritier des splendeurs d'Athènes, à la fois tombe, asile et berceau de trois civilisations. Quoique Rome, disions-nous, livrée aux complots et aux intrigues, aux conflits de pouvoir du sénat, du préfectorat et de la papauté, n'eût plus d'initiative propre, elle avait conservé le privilége des grandes consécrations politiques.

Sans doute Charlemagne eût pu se passer de Rome et du pape, et donner, de sa propre autorité, aisément ratifiée dans quelque assemblée des grands du royaume, le nom d'empire au pays qu'il gouvernait. Mais ce titre suprême d'imperator, quoique entièrement déchu de sa splendeur passée, inspirait encore la grande épouvante d'un symbole de puissance incommensurable. Le spectre des Césars semblait le défendre contre toute téméraire et frauduleuse entreprise. Une vénération mystérieuse, inexpliquée, qui avait pénétré jusque sous le toit du barbare bien avant déjà dans les siècles chrétiens, était restée attachée à ce titre qui exprimait l'idée d'une puissance politique et religieuse à nulle autre pareille.

Les circonstances secondèrent les vues de Charlemagne. Elles naquirent de la politique du pape Adrien et des légitimes rancunes du roi des Lombards Desiderius ou Didier, dont Charlemagne avait répudié la sœur. L'esprit public désignait d'ailleurs à l'empire ce prince extraordinaire, dont les conquêtes et victoires formeraient un long poëme. L'Église de Rome et toute la chrétienté d'Occident se déclaraient pour lui. Évêques, prêtres et moines, allaient répandant son nom dans le peuple. Comme on eût dit au temps de Rome païenne, les dieux et les hommes conspiraient en sa faveur. L'idée d'une sorte d'union intime de l'Église et de l'État traversa-t-elle à la fois la pensée de ce pape adroit et persévérant et l'imagination grandiose de ce roi franc, doué comme tous les vrais politiques d'un puissant instinct d'unité? Les faits tendent à le prouver.

Une guerre fut la conséquence de cette union entre le royaume de France et la papauté, qui tendait à annuler la puissance lombarde en Italie. Desiderius, affamé de vengeance, marcha sur Rome. Adrien gagna du temps en négociations, et Charlemagne, franchissant les Alpes, à l'instar de César, fondit sur l'armée lombarde, et envoya Desiderius au monastère de Corbie finir ses jours comme les finissaient les princes vaincus de ce temps: les cheveux tondus et le froc de moine aux épaules.

Charlemagne pose alors sur sa tête la couronne

de fer du royaume de l'Italie, reçoit à Rome le titre de *Patrice*, qualification vague, équivalente à celle de sénateur romain, et attend encore. Sa prudence éclate dans cette conduite. Charlemagne se rendait bien compte de la situation de la papauté, placée entre l'Orient et l'Occident, entre l'empire grec expirant et cette puissance nouvelle qui s'élevait des contrées jadis barbares où le christianisme prenait si vigoureusement racine. Entre l'avenir et le passé, la papauté pouvait-elle hésiter longtemps?

La crise eut lieu sous le pontificat de Léon III. Rome s'emplit de conspirations contre le nouveau pape. Elles étaient conduites par les neveux d'Adrien. Chargé d'accusations monstrueuses, Léon III est saisi, maltraité, emprisonné. Il s'échappe. Ce n'est pas aux pieds d'Irène, à Constantinople, qu'il court se jeter, mais à ceux de Charlemagne. Il va droit au plus fort. Il parait devant le puissant monarque, portant encore sous les yeux, qu'on avait voulu lui arracher, deux trous sanglants. Charles feignit de rester dans les limites de l'impartialité, et renvoya Léon sous bonne escorte à Rome, afin que la justice eût son cours légal.

Peu de temps après, en 800, le jour de Noël, dans l'église Saint-Pierre, le dénoûment de ces habiles préparatifs eut lieu, accompagné d'une mise en scène en apparence improvisée, et destinée à agir spontanément sur les imaginations. L'église était remplie d'évêques, au milieu desquels se tenait le royal arbitre des destinées de la chrétienté. Léon III monte en chaire, et, sûr de la protection de Charles, il use d'un privilége de la papauté : il se disculpe par le serment. Il descend ensuite de la chaire, s'approche, suivi des évêques et des seigneurs, de Charlemagne, agenouillé devant le tombeau des Apôtres, lui attache le manteau de pourpre, lui pose sur la tête une couronne d'or rehaussée de pierres précieuses, et le salue empereur d'Occident. Le roi franc feignit une surprise, qui augmenta l'enthousiasme du peuple.

Ce titre d'empereur mettait le dernier sceau à cette grande paternité qui s'attache au nom de Charlemagne, père en effet d'une société qu'il est difficile de juger froidement, à cause des passions qu'elle soulève, mais qui, bien supérieure à l'époque barbare, offrit du moins tous les caractères politiques, religieux et économiques d'une société véritable.

L'accord de l'Église et de l'État, de la puissance politique et de la puissance religieuse, l'infusion du dogme dans la force exécutive, étaient, sinon assurés pour longtemps, du moins réalisés. Le moyen âge pouvait naître. A défaut d'harmonie entre les princes, n'existait-il pas d'ailleurs l'harmonie bien supérieure des principes? Or, quel plus grand accord que celui d'une religion basée sur la foi à des mystères impénétrables, et d'une politique basée sur la hiérarchie et l'obéissance?

V.

On ne connaîtrait pas suffisamment l'influence de ce grand monarque sur son siècle et sur les siècles suivants, si l'on ne daignait pas s'arrêter un instant devant son œuvre législative. L'ensemble de ces actes, en y comprenant même ceux qui se rattachent aux affaires de sa maison, témoigne d'un génie administratif bien supérieur à son siècle.

Cet empereur, « patriote et philosophe », pour nous servir de l'expression d'un commentateur procédant d'après la méthode de Mably, remit en vigueur les grandes assemblées du champ de mai. Là, en présence des seigneurs, des évêques et des hommes libres, il aimait à paraître dans tout l'appareil de la majesté impériale, mitré de sa lourde couronne et portant la main de justice. Il faisait lire en sa présence, lui qui ne savait pas même écrire, ces sages Capitulaires, fruit de ses méditations et de ses veilles. L'ébauche d'un code vivait dans ces premières dispositions où se coudoyaient des coutumes de nations si différentes.

L'empire qu'il avait divisé en districts ou légations, subdivisés en comtés, était sans cesse parcouru par les *missi dominici*, ou *legati regii*, qui, dans des assemblées provinciales, examinaient les actes de l'administration locale, et assistaient aux délibérations relatives aux intérêts du district. Ne retrouve-t-on pas dans ce système l'ébauche, ou, pour mieux dire, le premier dessin de nos départements, de nos arrondissements, de nos préfets et sous-préfets, de nos conseils généraux et de nos commissaires extraordinaires ?

Charlemagne donna, en quelque sorte, à la justice sa physionomie administrative, par la création des *scabini* ou *échevins*, et par l'institution d'assises provinciales, qui dispensaient de recourir au tribunal suprême du roi. Les *missi dominici* représentaient le roi absent. Mais il y avait là un progrès beaucoup plus efficace. C'est que les assises de district tendaient à substituer l'autorité morale de la monarchie à l'autorité du monarque, et que la présence fictive du roi menait directement à la présence réelle de la loi.

Les sociétés contiennent en germe, et dès leur origine, le principe de leur développement. Il n'y a point de hasard dans la vie des peuples. Le hasard n'existe que pour les individus qui, calculant leur action propre, sans tenir compte d'actions qu'ils ignorent, s'étonnent, au conflit qui en résulte, de voir leurs combinaisons dérangées.

Le même esprit révolutionnaire règne dans les

dispositions que Charlemagne prit relativement au service militaire. Au lieu de l'attribuer au fait de la liberté, comme par le passé, en le laissant incomber aux *rachimbourgs* ou aux *boni homines*, ce qui au total frappait la liberté d'un impôt de sang; au lieu de laisser aux seigneurs le droit de désigner les hommes libres appelés aux armes, ce qui engendrait des marchés secrets entre le seigneur et le conscrit, et laissait aux pauvres toute la charge, il l'attribua au sol. Il chargea le riche du fardeau du pauvre. Trois manoirs (environ douze hectares) fournirent un homme. De cette sorte la défense de la propriété incombait à son possesseur. Cela ne valait pas sans doute l'être moral de la patrie, qui plane sur notre législation contemporaine; mais on ne saurait se dissimuler qu'au point de vue de l'équité, ce système est supérieur à celui du sort. Il a été longtemps, et en divers pays, mis en pratique. Il n'y a pas cent ans que la Finlande suivait encore un système analogue.

Les campagnes gagnèrent beaucoup à cette nouvelle institution qui les débarrassa des perpétuelles maraudes des soudards affamés.

L'omnipotence des grands hommes, lorsque l'enivrement de l'orgueil ne leur fait pas perdre de vue l'humanité, est souvent utile au peuple. Assez puissant pour commander aux maîtres, Charlemagne intervint efficacement dans cette rude formation du fief qui, dès le début, menaçait de broyer le faible dans l'étreinte du fort. Il abolit quelques droits odieux, et conserva autant que possible, par ses grandes assemblées, l'idée nationale prête à périr sous celle de la famille, seul groupe formé par l'amour qui restât dans le morcellement féodal.

Il s'efforçait en même temps d'apaiser les profondes haines qui régnaient entre la noblesse et le clergé; et comme ces haines prenaient leur source dans des conflits d'intérêt, c'est à détruire la cause qu'il s'appliqua. La création de la dîme, qui depuis donna lieu à de si monstrueux abus et menaça de faire passer aux mains de l'Église la presque totalité de la richesse nationale, fut l'expédient qu'imagina Charlemagne pour pacifier ces cupidités implacables. La dîme alors fut un bienfait, puisqu'elle termina des querelles invétérées, sans l'apaisement desquelles la civilisation chrétienne eût été entravée dans sa marche. Charlemagne, les yeux fixés sur la consolidation de l'Empire, ne se doutait pas qu'il aplanissait seulement la route à cette féodalité si contraire à son génie unitaire et centralisateur.

La dîme, il est vrai, n'eut pas d'abord le caractère général qu'elle prit plus tard; mais le germe était confié au sol de l'avenir, l'Église saurait bien le faire croître et fructifier. Lorsqu'on pense que ces dix pour cent du produit brut sont peut-être supérieurs au bénéfice net que les efforts du travail arrachent à la terre, que le revenu du sol n'est guère évalué de nos jours qu'à deux et demi ou trois pour cent, et qu'il suffirait par conséquent d'un petit nombre d'années de ce régime pour faire passer la propriété des mains du travailleur dans celles du bénéficiaire, on se demande comment la civilisation chrétienne a pu vivre et se développer avec un pareil chancre au cœur. Sans les guerres continuelles, les déplacements qui en furent la suite, les exactions qui les accompagnent, théoriquement en un mot, il est évident que l'Église, non exposée aux risques commerciaux, ne faisant nulle avance de capitaux ni déboursé quelconque, touchant invariablement un dixième des produits bruts du sol, et accumulant cette richesse sous forme indivisible, devait finir par absorber non-seulement la fortune individuelle, mais l'État lui-même, puisque le domaine de l'État, comme celui du citoyen, était soumis au payement de la dîme.

On sait comment fut créée la dîme. Ce flux et ce reflux de la propriété que nous avons signalés, et qui étaient dus aux invasions des peuples circonvoisins du royaume de France, remettaient presque toujours par la force des armes les biens de l'Église conquis par les Normands entre les mains du prince, qui les distribuait à ses capitaines et à ses soldats. Le clergé les réclamait avec aigreur. Ce fut surtout, nous l'avons vu, sous Charles Martel que ces plaintes éclatèrent avec le plus de violence. Pépin essaya de calmer l'irritation du clergé, en ne distribuant les terres d'Église qu'à titre *précaire*. Cette manière d'usufruit était en outre soumise au payement d'une petite rente que l'usufruitier versait à l'Église. A la mort du possesseur du *précaire*, ses biens retournaient au clergé, à moins que l'État ne jugeât convenable de continuer l'usufruit à l'héritier du mort.

Non moins avide que le clergé, la noblesse savait tirer parti de cette dernière clause par des sollicitations auxquelles il était difficile au prince de résister. De sorte que le régime des précaires était continuellement éludé, et que les plaintes du clergé ne cessaient point. Charlemagne mit fin au conflit en convertissant les précaires en propriétés et en les soumettant seulement au prélèvement d'un dixième des récoltes au profit du clergé.

Je ne m'étendrai pas sur les autres avantages, tels que le droit de justice et autres priviléges laïques que Charlemagne conféra au clergé. Partout, cette tendance à fondre la société religieuse dans la société civile éclate dans la politique de ce grand homme d'État. On peut contrôler la valeur de cette observation en jetant les yeux sur ses Capitulaires, dont le caractère canonique apparaît à chaque instant.

J'insiste sur ce fait, parce qu'il me paraît résulter de l'ensemble des actes de Charlemagne que son droit de paternité à la formation de la société du moyen âge ne saurait se rattacher à une autre filiation. Son œuvre militaire, elle-même, est avant tout religieuse. Il fait dire des prières et ordonne des jeûnes avant ses grandes batailles. Il ne condamne pas le vaincu à tel ou tel châtiment, il le baptise et l'oblige à être bon chrétien, *sous peine de mort*. En enrichissant le clergé, en lui conférant des privilèges réservés aux laïques, c'est le symbole qu'il fortifie, afin qu'il s'épanouisse dans l'avenir. Sans doute l'idée ne se présenta pas à l'esprit de ce grand homme sous cet aspect synthétique dont le concept appartient à l'époque moderne ; mais que nous importe, si telles sont la résultante et l'harmonie de son œuvre ?

Génie d'ensemble et de détail, rien n'échappait à ce regard pénétrant, à cet esprit infatigable. Avec des ressources nulles, au milieu d'un siècle de ténèbres, cette vaste intelligence toucha à toutes les questions qu'embrasse l'ordre social. Diplomatie, économie, art militaire, administration, rien ne lui fut étranger. Ces grandes barques chargées d'hommes d'armes, qu'il plaçait à l'embouchure des fleuves, indiquaient à elles seules des préoccupations géographiques bien supérieures à la politique de son temps. En suivant, dans leur extrême variété, les explorations de ce chercheur qui voulait trouver un monde, l'auteur se prend à regretter que la forme purement généralisatrice de ces Essais ne lui permette pas de s'arrêter aux intimités d'un pareil sujet. Combien il eût été curieux, par exemple, de montrer le grand prince qui réglait les destinées de l'Occident, les intérêts de la noblesse et du clergé, tracer, aux pages mêmes de ses Capitulaires, les règlements administratifs de son propre domaine, donnant en bon père de famille l'exemple d'une sage économie domestique, et ne dédaignant pas, lui dont la couronne valait un royaume, de s'occuper des glands de ses forêts, de l'herbe de ses prés et du miel de ses métairies!

Si rapide que soit cette esquisse, nous ne saurions finir sans dire quelques mots d'un sujet bien intéressant pour nous, gens du dix-neuvième siècle, épris de science, de littérature et d'art, ivres d'admiration pour le talent. Je veux parler de ce Charlemagne dont l'université se flatte, aujourd'hui encore, d'être l'auguste fille.

VI.

Si j'avais à me représenter le palais de l'empereur d'Occident, je le diviserais, pour ainsi dire, en quatre parties idéales. Mais je me hâte de prévenir le lecteur qu'il y a de grandes ombres dans le tableau. Si l'on en croit les accusations impérissables qui sortent comme un mugissement des tombes des héros, et traversent les siècles, répétées par l'implacable histoire, l'une des quatre parties de ce tableau imaginaire du palais de l'empereur d'Occident est estompée d'un noir si profond, qu'à peine entrevoit-on les profils honteux qui se meuvent dans ces ténèbres.

Il faut pourtant bien montrer, du bout de la plume, cette portion du tableau. Car, qu'est-ce autre chose, la faible ébauche présente, que le palais symbolique du grand Karl?

Voici d'une part les hommes d'armes qui vont et viennent, les chevaux qui piaffent, les chevaliers, les seigneurs, la soldatesque, tout le militaire qui se meut. A côté, c'est le coin de la politique, de l'administration, des affaires, où brûle souvent la nuit entière la lampe de fer forgé. C'est le département d'Eginhard. A côté se place celui d'Alcuin, le grammairien philosophe, le poëte qui déjà croît voir se lever au pays franc *une nouvelle Athènes : « Ecce Athenæ novæ conficiuntur nobis. »* C'est là que la jeunesse apprend à tracer de beaux caractères romains sur le parchemin, c'est là qu'on psalmodie le plain-chant. C'est le coin des sciences, des arts et des lettres de la société chrétienne à l'enfance.

Enfin, l'angle noir où se meuvent d'insaisissables profils, parmi lesquels le grand empereur apparaît triste bipède humain, comme le reste des mortels, et plus bas peut-être que le dernier de ses sujets, cet angle du palais mystique, c'est le coin de la débauche, de l'inceste même, où habitent les filles du roi, qui désolèrent sa vieillesse jalouse et scandalisèrent encore l'empire du bruit de leurs débordements, longtemps après que leur père fut couché dans la froide nef d'Aix-la-Chapelle.

De l'Église, je n'ai rien dit, parce qu'elle est partout ici, au coin des gens d'armes, où l'on jeûne quoique l'on jure, au coin politique dans les Capitulaires canoniques, sous la chape des évêques courtisans (salut à monseigneur Leirade et à M. le diacre Florus), au coin des lettres et des beaux-arts, où des chantres ultramontains enseignent le chant grégorien, à cette aile mystérieuse enfin, où se cache la débauche consacrée par cinq répudiations, par de nombreux mariages morganatiques, et par une polygamie que tolère un pape reconnaissant.

Il s'agit, pour cette société qui veut naître, de faire oublier, ou du moins d'égaler Aristote et Platon, Homère, Sophocle et Euripide, Archimède et Phidias, Cicéron, Sénèque, Tacite, Horace et le doux Virgile lui-même. Ce n'est pas assez d'avoir des militaires et des prêtres. Les peuples n'en manquent jamais. Les plus barbares des nations savent s'égorger, et jusque chez les peuplades des contrées les plus sauvages, on trouve toujours un gardien, un explicateur ou commentateur du fétiche, qui s'acquitte assez bien de son rôle. Dieu étant une préoccupation native de la conscience humaine, il est aisé de tirer parti de cet instinct.

Mais le savant, le philosophe, l'historien, le poëte, l'artiste, sont des fruits plus rares qui croissent malaisément, avec des soins et des peines infinies, sur le fumier des nations arrivées à maturité. Pour donner Bossuet, Pascal, Fénelon, Corneille et Racine, sait-on ce qu'il faut du lent travail des siècles? Que de générations ont enrichi le sol de leurs dépouilles et accumulé les superpositions intellectuelles dans la poussière des bibliothèques, avant que des entrailles de quelques femmes sortissent ces produits uniques et merveilleux de l'humanité!

Mais le propre du génie est peut-être l'illusion qui pousse en avant. L'homme ne se précipite que parce qu'il croit saisir son rêve. Charlemagne dit : « Allons! » et l'Anglais Alcuin, étonné d'avoir échangé en mauvais latin des Gaules quelques vers boiteux avec un roi franc qui ne sait pas écrire, ne peut contenir son enthousiasme : « Voici venir une nouvelle Athènes! » Et la même fièvre de littérature et de science s'empare du monarque. Le voici parcourant la salle des études, et stimulant les fils demi-sauvages de ses paladins, auxquels on enseigne l'écriture et des éléments de grammaire, leur promettant des évêchés, des fiefs, s'ils deviennent savants!

Évidemment la pensée du monarque est que les sciences et les belles-lettres vont florir sous son règne, et peut-être le compare-t-il intérieurement à celui d'Auguste. En attendant, il s'extasie d'admiration devant les pédanteries latines d'Alcuin, et répète des chansons à boire dont ne voudraient pas les porte-faix de notre temps.

Il est à remarquer que Dieu, les batailles et le vin, sont les premiers inspirateurs des littératures. Les premiers morceaux littéraires sont une controverse religieuse, le récit d'une bataille, et un couplet de table. L'amour ne vient qu'ensuite; quand la femme commence à être autre chose qu'un docile instrument de volupté, qu'un moule à soldats, quand son humble dignité s'élève au coin du foyer comme un parfum délicat, alors seulement le lai d'amour commence à balbutier ses rimes attendries.

Un autre genre de littérature, qui peut-être a donné naissance à ces récits romanesques dans lesquels l'imagination fiévreuse des vieux peuples de l'Europe va aujourd'hui chercher un apaisement, commença de poindre alors. Je veux parler de ces légendes, filles de la solitude, qui, demi-réelles, demi-idéales, tiennent le milieu entre l'histoire et la fiction. Tandis que l'empereur, dans son propre palais, encourageait les enfants des grands à l'étude, il n'oubliait pas de la recommander aux monastères. Des moines usaient patiemment une longue existence à ces copies, que nulle main n'aurait de nos jours la patience de reproduire. Leur âme placide et leur placide existence se reflétaient dans cette calligraphie indolente, qui peu à peu prenait dans leur vie la place d'une habitude, et faisait en quelque sorte partie de l'hygiène du moine, comme le bureau devient nécessaire à la santé de l'employé.

D'autres, doués d'une imagination plus active, s'essayaient à reproduire eux-mêmes des idées. Si les passions humaines viennent mourir aux portes du cloître, il s'en faut bien que leur souvenir s'y éteigne. La muse des jeunes années aime à se promener pensive sous ces longues galeries coupées d'ombre et de lumière où traîne la sandale du moine. C'est dans ces austères solitudes que reviennent en foule, parées et parfumées, comme un bouquet humide de la rosée du matin, les aventures mondaines, les intrigues mystérieuses, les anecdotes galantes. Le moine pâle, au front d'ivoire jauni, aux doigts desséchés, et dans les yeux duquel brillaient encore les souvenirs de ce monde, où peut-être il avait lui-même, l'épée au côté, vécu de la vie des passions, ce rêveur mal guéri devait aimer, dis-je, clos dans sa cellule, à retracer sur le parchemin les faits et gestes de ces doux spectres de l'imagination. Ainsi, c'est du vieux monastère de Lauresheim, non loin de la paisible ville d'Heidelberg, qu'est sorti, pour courir le monde et charmer les âmes tendres, ce touchant récit des amours d'Emma et d'Eginhard, dont nous avons orné le commencement de ce fragment pour tâcher de le rendre aimable.

La littérature chrétienne, et j'entends par ce mot tout ce qui s'est écrit de sacré ou de profane depuis l'ère moderne, naquit de ces humbles confidences de la plume des moines. L'épanouissement du symbole a produit des fruits divers, bien divers sans doute. J'entends d'ici renier Rabelais ou le joyeux Marot. Les intolérants chasseront du temple Béroalte, Regnier, la Fontaine et Molière. Préjugés de sacristie! L'empreinte du symbole est aussi profondément marquée dans les érotiques eux-mêmes que dans la littérature sacrée. Le païen n'entendait point comme nous l'amour, ce maître éternel. Daphnis n'aime pas de la même façon que Paul, quoique en somme, au fond, tout cela tende au même but humain et providentiel, la reproduction de l'espèce. Il y a donc dans cette littérature, née des grossières ébauches du règne de Charlemagne et des écrits plus purs des Pères de l'Église, un charme pour nous, que ne nous causeront jamais les plus grands chefs-d'œuvre de l'antiquité. Si bon helléniste, si parfait latiniste qu'on puisse être, quelque chose des littératures anciennes nous échappera toujours. C'est l'intimité secrète qui naît d'un développement dans un milieu commun, sous des astres identiques. Nos mères n'ont pas laissé dans nos cœurs, en nous mettant au monde, le sceau mystérieux de Jupiter, roi des dieux.

Tandis que les belles-lettres débutaient par l'enseignement de l'écriture et de la grammaire, par des controverses sur l'adoration des images, par des vers barbares en latin des Gaules, par des légendes naïves, les sciences faisaient aussi leurs premiers essais.

Au premier rang de ces tentatives d'une société à l'enfance, il faut toujours placer l'astronomie. A peine le vermisseau a-t-il construit sa butte, mis une arme à sa cuisse, et rampé sur le sol de ce bas monde en chantant audacieusement quelque chanson de guerre ou d'amour, qu'il lève sa petite tête vers le vaste infini. Il étudie la disposition de ces clous d'or plantés dans la sphère de cristal bleu qui l'enveloppe. Point perdu dans l'univers, il cherche à se rendre compte de sa position par rapport à ce qui l'entoure. Et comme le sentiment de son importance n'est jamais ce qui lui manque, il débute presque invariablement par se faire centre et pivot du monde. Le globe terrestre sur lequel se meut cette humaine fourmi devient l'organe essentiel auquel se rapportent tous les mouvements de l'univers.

Charlemagne, faisant appel aux savants, ne manqua pas d'astronomes et d'apothicaires. Les premiers lui construisirent des sphères célestes avec une terre immobile, une lune plus grande que la terre, et un soleil tournant se nourrissant d'eau. Les seconds lui fondèrent l'école de Salerne, joyeuse école de médecine dont les vieillards gais aiment à répéter les aphorismes. Il lui vint aussi des cosmographes qui déclarèrent la terre carrée. D'autres, il est vrai, la prétendaient ronde. Quant aux géographes, ils reconnaissaient trois parties du monde : l'Afrique, l'Europe et l'Inde. Mais ce qui abondait surtout, il faut bien le dire, dans ce palais des sciences et des arts, c'étaient des maîtres de chant grégorien venus de Rome. Ils psalmodiaient d'un bout à l'autre de la France. Les habitants étaient charmés de cette musique. La messe, à la vérité, faisait alors partie des plaisirs de la cour. Ce goût s'est prolongé plus de temps qu'on ne l'imagine d'ailleurs. L'infortuné Louis XVI aimait, à ses messes de Fontainebleau, à accompagner, d'une grosse voix fausse, le bourdon de la chapelle.

Les anciens eux-mêmes avaient été beaucoup plus loin que cela en matière de science. Ils avaient formulé de grands et éternels axiomes en physique, en géométrie, comme en philosophie et en morale. Mais il entre sans doute dans les lois de la Providence que toutes les sociétés nouvelles doivent pour ainsi dire recommencer à frais nouveaux. Cette nécessité de plan est indispensable à la caractéristique des civilisations.

Si l'on daigne admettre cette théorie, on sera moins tenté de sourire aux essais littéraires et scientifiques des huitième et neuvième siècles. Charlemagne restera grand pour avoir osé tenter la fondation de cette nouvelle Athènes, dont parlait l'Anglais Alcuin. Il eut la bonne volonté et la foi. Que ne peuvent de telles vertus dans le cœur d'un monarque aimé de ses sujets, redouté de ses ennemis! Il eut la gloire de tracer le premier sillon et de montrer l'avenir à des générations pleines de jeunesse et d'espérance. O plus heureux et mieux partagé que César!

VII.

« Qu'est-ce que l'homme? » disait le savant Alcuin, enseignant une *disputatio* au petit Pépin. — « Une lanterne exposée au vent. »

Un jour vint, en effet, où le vent souffla ce puissant fanal dont l'éclat avait pendant un demi-siècle éclairé l'Occident. Charlemagne s'éteignit à soixante-dix ans, après quarante-cinq ans de règne. On coucha dans une tombe de six pieds ce colosse qui avait pesé sur le monde.

Un moine de Saint-Gall raconte que, peu de temps

avant sa mort, alors que l'âge avait appesanti son bras, Charlemagne, se trouvant dans une ville maritime de la Narbonnaise, vit venir des vaisseaux normands. On courut aux armes, et l'alarme fut vive. Mais les Normands n'eurent pas plutôt appris que le grand Karl était au rivage, qu'ils virèrent de bord en grande hâte. On trouva le vieux monarque à l'une des fenêtres du palais, regardant les vaisseaux s'éloigner. Des larmes roulaient sur sa barbe blanche. Quelqu'un de ses paladins lui ayant demandé la cause de son chagrin, il répondit qu'il pleurait de douleur que les Normands eussent osé approcher si près de sa personne.

Il mourut donc dans toute la splendeur de sa gloire. Mais c'est quelquefois un si lourd fardeau pour l'humanité qu'un grand homme, que les peuples, malgré leur respect pour la mémoire du César chrétien d'Occident, éprouvèrent à sa mort une sorte de soulagement ineffable.

Les membres du vaste empire se disjoignirent, n'étant plus retenus par la forte main qui les enserrait. Les peuples éprouvèrent également une joie profonde de cette dissolution qui blessait les grands esprits du temps. Mais peut-être que les multitudes ont une sorte de génie impersonnel toujours conforme dans ses vues avec les lois génésiques de la Providence. Il fallait bien que le morcellement féodal reprît sa marche un instant interrompue, que les molécules, comme nous le disions au début de cette esquisse, rentrassent dans le courant de leurs attractions, qu'en un mot le moyen âge advînt.

Lasse de boire du sang, la terre se reposa pendant cinquante ans. Ce grand travail d'un demi-siècle valait enfin un demi-siècle de loisir aux peuples qui occupaient ce qu'on nomme aujourd'hui Allemagne et France. « Point de révolution, point de calamité pendant ce demi-siècle, qui, par là, est *unique*, » dit Voltaire.

C'est qu'en effet des pages de l'histoire s'élève sans cesse la vapeur de ce sacrifice immense « où tout ce qui vit, a dit un penseur inhumain, doit être immolé sans fin, sans mesure, sans relâche, jusqu'à la consommation des choses, jusqu'à l'extinction du mal, jusqu'à la mort de la mort! »

NAPOLÉON Ier.

NAPOLÉON Ier.

I.

César, expression du droit romain et de l'unité politique, devint l'idéal des Gaules.

Charlemagne, expression de la chevalerie et de l'inféodation, devint l'idéal du moyen âge.

Napoléon Ier, expression du droit nouveau et de la Révolution française, restera l'idéal du dix-neuvième siècle.

Pour apprécier la valeur de son rôle, l'heure n'est peut-être pas encore entièrement venue. Napoléon grandit d'année en année. L'histoire se fait lentement; elle est l'œuvre du temps, plus que l'œuvre de l'historien.

Mais ce qu'il est possible d'esquisser dès aujourd'hui, ce sont les lignes capitales de cette figure gigantesque. Le docteur Strauss a écrit *la vie de Jésus*, et la philosophie allemande s'est trouvée résumée, non par la puissance du génie de l'auteur, mais *de facto* dans ce lourd travail. Elle vit ce qu'elle avait fait depuis cinquante ans.

La vie de Napoléon, telle qu'elle apparaîtra ici, résume l'effort de plusieurs siècles accompli en quarante années par la politique française. On dit que l'Allemagne, épouvantée en se regardant comme en un miroir dans l'œuvre du docteur Strauss, recula d'épouvante à l'aspect d'elle-même. Espérons que la France démocratique, la France de la Révolution, en se regardant au miroir de Napoléon Ier, se sentira chaque fois plus grande, plus belle et plus forte, et marchera d'un pas plus résolu dans cette voie des réalisations que lui ouvre le nouveau principe d'autorité, si largement compris et appliqué par le régime impérial.

L'histoire de Napoléon est écrite partout. Les poëtes, les chroniqueurs, les romanciers, les mémorialistes, les peintres, les sculpteurs, les architectes, ont tous exercé leur génie à reproduire les traits, la pensée, les actes du plus grand politique et du plus grand capitaine des temps modernes. Dans une étude comme celle-ci, dont le but est de démontrer l'excellence du principe d'autorité, de décrire ses manifestations sous le régime de l'Empire, et d'emprunter à la légende des nations les trois principales incarnations de ce régime, la première chronique, la première notice biographique venues suffisent. On n'a pas à produire des faits nouveaux. Qu'importe un détail dans l'infini? Voici la carte, le code, le nom des batailles, les traités, les alliances; il suffit. Les laboureurs la racontent dans les granges, les pâtres dans les montagnes, les soldats aux bivouacs, cette histoire de Napoléon, car elle est l'histoire de tout le monde en France : comme celle de César, elle est l'histoire d'un peuple.

Ce qui importe à cette heure, c'est d'expliquer ces faits, d'exprimer la raison du sentiment public, de marquer, selon l'expression d'un professeur démocrate, la place de Napoléon dans le plan général de l'histoire, et d'en tirer toutes les conclusions nécessaires à l'exposition du principe qui soutient et anime ces pages. Prenons donc une biographie universelle des contemporains, celle de Rabbe, par exemple, qui n'est pas suspecte d'enthousiasme, et, sur la nervure sobre et sèche des faits, essayons d'élever la synthèse politique de l'empire au dix-neuvième siècle, par l'examen de la vie de celui qui le personnifia.

J'ouvre le livre et je lis : « Bonaparte (Napoléon) naquit le 15 août 1769, à Ajaccio, de Charles Bonaparte et de Letitia Ramolino, issus l'un et l'autre de race patricienne. »

En m'en tenant ici au point de vue providentiel,

si frappant dans l'épopée napoléonienne, ce peu de lignes offre déjà un caractère de prédestination singulier. Et sans tomber dans un fatalisme absurde, n'est-il pas au moins digne de remarque que Napoléon, ce génie cosmopolite[1], ait eu pour berceau et pour tombe une île? que l'île de Corse, d'abord italienne, puis française, imprime cette double physionomie à celui qui devait être le plus grand représentant des races et de la civilisation latines? Un poëte, à ce nom romain de Letitia, que portait sa mère, ne rattacherait-il pas l'idée d'une *bonne nouvelle* annoncée au monde, d'une joie sur la terre? César se disait descendant de Vénus et d'Anchise. La mère de Napoléon fut d'une beauté et d'une fécondité antiques. On retrouve en elle, dans la fermeté du caractère, dans la sévérité, dans l'économie digne d'une matrone des anciens jours, quelque chose de la mère des Gracques. Mais au lieu d'enfanter des tribuns, madame Letitia mit au monde une lignée d'empereurs et de rois.

Quoique Napoléon Ier ait dit de lui-même que son enfance n'eut rien de remarquable, le biographe consciencieux, et pourtant hostile, que je prends pour guide s'exprime ainsi : « On ne trouve rien dans les premiers ans de Bonaparte qui ressemble aux occupations ordinaires de l'enfance : point de

[1] Observation très-heureuse de M. Edgard Quinet.

jeux, point de plaisirs. » Or, ce n'était ni par mélancolie ni par humeur que le héros enfant s'isolait. Chez lui le seul instinct du génie l'éloignait de ses jeunes compagnons, qu'il aimait d'ailleurs, et qu'il n'oublia point. Champfort, je crois, a dit : « Les lions s'isolent. » Napoléon enfant était déjà parmi les hommes ce qu'est le lion dans la nature. La littérature et l'art, qui sont le charme du dix-neuvième siècle, mais peut-être aussi son danger, n'efféminèrent point cette forte intelligence. Il n'aimait des lettres que l'histoire, vraie lecture des hommes qui aspirent ou sont appelés à gouverner le monde. Plutarque lui plaisait. Il y trouvait une compagnie digne de lui. Mais les sciences exactes, et surtout les mathématiques, passionnaient sa précoce maturité. Élèves et professeurs, tout le monde en fut frappé à l'école de Brienne. Bezout, son auteur favori, fut son poëte et son romancier.

« Son goût pour les sciences exactes est naturel à expliquer. Ce qui distingue, je crois, les grands hommes, ce qui les rend absolus dans leurs volontés, c'est l'amour de la vérité, qu'eux seuls croient connaître ; aussi l'Empereur devait-il, dans son jeune âge, préférer aux autres sciences celle qui donne toujours des résultats incontestables et inaccessibles à la chicane et à la mauvaise foi. Mais son esprit tout pratique avait, dès le principe, retenu surtout cette portion des mathématiques qui sert à résoudre tous les problèmes d'un usage général. Dans la science, comme en politique, il repoussait les théories ou les principes dont il ne voyait pas une application immédiate, et c'est peut-être pour cela qu'il préférait le génie pratique de Monge au génie transcendant de Laplace. Il estimait, certes, beaucoup le second, mais il n'aimait pas qu'un savant se renfermât toujours en lui-même et ne fût abordable qu'aux initiés. Faire avancer la science était sans doute un grand mérite, mais la répandre dans le peuple était à ses yeux un plus grand mérite encore[1]. »

On sait que son professeur Léguile pressentit l'avenir de son élève, et en fit en quelques lignes une sorte de prédiction. Lorsqu'en 1785 Napoléon, lieutenant en second au régiment de la Fère, vint en garnison dans cette ville de Grenoble, où, vingt-huit ans plus tard, la fortune devait le ramener empereur détrôné reprenant sa couronne, on remarque en lui les mêmes dispositions. Il semblait qu'il cherchât dans la solitude cette force d'âme que le contact du monde enlève ou diminue. Les hommes qui ne savent pas s'isoler ressemblent aux galets sur la grève. Roulés par les vagues, ils s'arrondissent et finissent par devenir indistincts les uns des autres.

[1] Œuvres de Napoléon III, t. III, p. 14. (Édition de Tremblure.)

Par son caractère, ses mœurs et ses habitudes d'esprit, Napoléon se détachait avec une profonde originalité du milieu social où la Providence l'avait fait naître. Les hommes du règne de Louis XVI se ressentaient des dépravations du Régent et de Louis XV. Presque tous étaient atteints d'une sorte de sensibilité féminine, d'un penchant à l'exaltation, d'un mélange de libertinage et de vertu, de rouerie et de candeur, d'affectation philosophique et de fausse simplicité, d'héroïsme et de déclamation, dont les premiers mouvements révolutionnaires firent éclater les transports. Lorsqu'au milieu de la misère publique, des troubles de la rue, des conspirations intérieures et extérieures, la Constituante absorba la souveraineté, on est étonné de la tournure d'esprit de cette assemblée, qui, dans les plus grands dangers de la patrie, discute la métaphysique des droits de l'homme. La tendance est à l'utopie. Tout le dix-huitième siècle, comme une journée trop chaude et trop chargée d'électricité, vient se résoudre en cet orage.

Napoléon ne ressemble aucunement à cette brillante et éphémère génération des derniers jours du dix-huitième siècle. Ce n'est ni un rêveur, ni un utopiste, ni un métaphysicien, ni un discoureur. On sait la sévérité de ses mœurs. L'amour dans sa vie fut à peine un rare incident. Peu d'hommes, avec une puissance pareille à celle qu'il posséda, accordèrent moins aux faiblesses de la nature. Génie et caractère romain, il se distingue ici, tout à fait à son avantage, de César, dont il fut l'émule et qu'il surpassa comme législateur, sinon comme capitaine. Aussi Napoléon, malgré la date de sa naissance, n'est point un homme du dix-huitième siècle. Il est plus jeune dans l'esprit des foules que la Révolution elle-même, car il la résume et en ferme le débat, sinon l'agitation. Il a la jeunesse de tout ce qui est universel et éternel. Ce citoyen du monde, marqué à l'effigie française, peut, avec sa redingote grise et son petit chapeau sans galons ni plumet, avec ses cheveux ras et son profil antique, défier le temps qui classe et vieillit tout. Il est lui-même, à nul autre pareil, et il semble que son vêtement n'ait pas seulement gardé l'air suranné des modes ensevelies. La tunique, le casque et la cuirasse sont de tous les âges du monde. Ainsi de tout ce qui ceignit ce héros.

Aussi Napoléon, à cette époque où de très-jeunes gens, comme Saint-Just, Camille Desmoulins et tant d'autres, se jetaient dans le mouvement révolutionnaire, se tient-il dans une grande réserve. « Nous verrons plus tard, dit le biographe cité plus haut, que la politique expectative fut toujours celle de Bonaparte dans les grandes crises qui agitèrent la France durant la période républicaine. » Il observait en effet. Le pressentiment de ses futures destinées semblait l'avertir de ne point prendre part au drame de la révolution. Car tout ce que la révolution entraînait dans son tourbillon était marqué du doigt de la fatalité. Quiconque avait touché la terrible déesse était, comme les héros du poëme d'Homère, enlevé par la chevelure. Et il ne sortait de cette épreuve que broyé, flétri ou impuissant. Il ne fallait pas que l'édificateur d'une société nouvelle fût rougi du sang des échafauds. Il ne fallait pas que celui qui devait un jour s'asseoir entre la nouvelle et l'ancienne société, entre la république et la royauté, qui devait licencier les partis et se faire le médiateur des intelligences et des intérêts, eût lui-même pris parti pour tel ou tel, et se fût compromis dans les querelles des factions.

Certes Napoléon ne voyait pas encore à l'école de Brienne, à sa garnison de Grenoble, ni dans son congé en Corse, cette brillante étoile de sa destinée qu'il entrevit à Lodi. Mais une voix intérieure l'avertissait déjà de se garder pour de grands jours et de formidables événements. Et du fond de sa solitude il regardait passer la révolution, attendant son heure et son jour.

II.

Il ne faut donc point s'y tromper, quand le mouvement de 1789 éclata, Napoléon, en se déclarant pour la cause nationale, ne fit point acte de partisan. Il suivit la masse du pays qui l'adoptait, et dont il épousait les hautes destinées.

On sait que la cause nationale suscita un élan général, spontané, auquel ne résistèrent pas les privilégiés eux-mêmes. La nuit du 4 août l'a prouvé. Cette cause renfermait dans son sein toutes les factions, sauf une seule, celle de l'émigration. L'esprit dénigreur qui a guidé les historiens égarés à la remorque des partis, en attribuant à des motifs purement intéressés la politique expectante de Napoléon pendant la période républicaine, est un esprit faux et étroit. Même subversion, même étroitesse de vues, même hostilité flagrante, chez ceux qui dans l'adhésion à la cause nationale ont voulu faire de Napoléon un républicain, afin d'avoir le plaisir d'en faire plus tard un renégat et un traître.

Ce mot renégat, en politique, est une chimère qui se démontre par elle-même, puisqu'elle transporte dans les affaires publiques un mot applicable à la seule religion. Tous les hommes d'État dignes de ce nom sont hommes de gouvernement, et considèrent les formes gouvernementales comme variables, relatives, circonstantielles. Plus un gouvernement offre de garanties de force, d'initiative et de durée, plus il est digne des sympathies et de l'assistance des hommes d'État, plus il mérite l'amour et l'obéissance des peuples, car ses bienfaits seront proportionnés à sa puissance.

Ainsi Napoléon, qui sent l'avenir, qui voit clairement dans le rayonnement lumineux de sa pensée d'où poindra le principe de l'autorité nouvelle, se rallie à la cause nationale. Son premier acte éclatant, la prise de Toulon, est encore un acte national par excellence.

Un groupe de montagnards l'entoure. Ce sont : Saliceti, Albitte, Fréron, Ricord et Robespierre jeune. Et plus tard Napoléon sera poursuivi, à la suite de thermidor, comme robespierriste. Cela est simple, logique, rationnel. Le comité de salut public et son chef donnèrent les premiers, au milieu de l'anarchie profonde du gouvernement parlementaire, le signe d'un retour vers la constitution de l'État. Il est donc tout naturel que Napoléon, qui devait plus que tout autre déplorer cette anarchie, ait dit en apprenant la mort de Robespierre : « J'en suis fâché. » Il n'est pas moins certain que dans ce désordre général le comité de salut public, malgré ses formes draconiennes et élémentaires, ait paru à un esprit organisateur moins affreux que l'ignoble et aboyante faction des hébertistes. Entre tant de maux, le moindre était certainement ce triumvirat sombre et sanglant qui eut du moins la pensée de la détresse politique du pays et qui, engagé dans une route fatale, placé entre l'impossibilité du retour à la clémence et la nécessité de reconstituer le pouvoir, tenta l'absurde et épouvantable conception de réaliser par la terreur le problème du gouvernement.

Les jours de 1814 et de 1815 l'ont prouvé, l'idée du salut public fut toujours pour l'empereur Napoléon Ier, vivante incarnation du sentiment national, la première loi. Mais rien de plus n'apparaît dans sa pensée en ce qui concerne ces hommes sanglants. Le chef de bataillon qui disait sous les murs de Toulon aux commissaires de la Convention : « Mêlez-vous de votre métier de représentant », n'est pas inféodé.

Nous trouvons Napoléon sous la période républicaine ce qu'il fut toujours. L'aiguille aimantée se tourne vers le nord. La pensée de Napoléon se tournera invariablement vers l'idée nationale et vers l'idée de gouvernement. Et il n'est peut-être devenu empereur que pour ces deux motifs. Ses destinées ont suivi ses attractions, car nulle forme gouvernementale n'exprime plus puissamment la force de ces deux termes que le régime impérial. Prenez ce régime dans les splendeurs de la Rome antique, sous le soleil d'or de l'Italie ou parmi les frimas de la Russie, sous le règne de ce barbare de génie qui eut nom Pierre le Grand, l'idée impériale exprimera cette même double pensée de puissance gouvernementale et de cause nationale.

Ces accusations de machiavélisme répandues sur Napoléon sont de pures calomnies. Il s'éleva par le propre essor de sa nature, comme le liége remonte au-dessus de l'eau. Jamais Napoléon n'est odieux ni méchant dans ses calculs. Jamais sa politique n'affecta ces roueries dont l'inintelligence affubla le clair et simple génie de Machiavel. Mais à l'instar de ce grand historien, il considéra toujours le gouvernement et la guerre comme *affaires de tact*.

Que les économistes et les socialistes méditent sur cette pensée du plus grand théoricien et du plus grand praticien qui parut en ce monde. Que ceux qui nient le droit et l'efficacité de l'État et ceux qui voudraient réduire la politique à des règles fixes, comme une tenue de livres, pèsent dans leur raison et leur philosophie (si l'esprit de système n'a pas tué en eux toute philosophie et toute raison), ce que vaut cet axiome de la sagesse éternelle.

Je laisse de côté les exploits militaires, qui ne peuvent trouver place dans ce discours que par leur signification politique. Et, reprenant l'examen de la vie de Napoléon par ses plus hauts aspects, je m'arrête au premier acte public qui, après la prise de Toulon, le signala à l'attention du monde.

Je veux parler du 13 vendémiaire. Nous allons y retrouver, fidèles et toujours semblables à elles-mêmes, les deux idées fixes qui marchent comme deux déesses devant les pas du jeune Napoléon : la cause nationale et la cause de l'État.

A l'époque où les troubles de vendémiaire éclatèrent, Napoléon vivait dans la retraite. Nommé général de brigade après la prise de Toulon, il avait subi les conséquences de la réaction thermidorienne. Malgré la prise d'Oneille, de celle du col de Tende et le combat del Cairo, où la victoire fut le fruit de ses savantes combinaisons, Napoléon fut rappelé de l'armée d'Italie. Son génie excitait la jalousie des hommes que l'intrigue et le hasard des révolutions amenaient au pouvoir. Parmi ces médiocrités qui cherchèrent à étouffer la carrière de Napoléon, il faut citer les députés Aubry et Letourneur de la Manche, qui occupèrent pendant quelque temps le poste de directeurs des affaires militaires.

Entraînés par le mouvement de réaction qu'ils avaient suscité, les thermidoriens comprirent que la contre-révolution les emportait. La Convention sentit qu'elle tombait en ruines. Elle était encore le seul gouvernement du pays. Mais chaque année soumise au renouvellement par tiers, son instabilité permanente donnait beau jeu aux factions royalistes, devenues puissantes à Paris et dirigeant l'esprit des sections. La Convention voyait expirer ses pouvoirs. Elle voulait se survivre dans la prochaine assemblée. Un décret rendu le 5 fructidor obligea les électeurs à choisir dans son sein les deux tiers des députés de la nouvelle législature. Les sections électorales protestèrent et organisèrent la résistance. La Convention mit en liberté les patriotes de thermidor, les arma, décréta la dissolution du collége électoral, le dispersa; c'était le 12 vendémiaire. La section Lepelletier avait donné le signal du combat. Le général Menou, chargé de réprimer l'insurrection, parlementa. La Convention le crut traître et le fit arrêter.

On lui donna pour successeur Barras, vrai général de cirque. Mais le héros de thermidor, comprenant que l'affaire prenait une tournure militaire, demanda et obtint qu'on lui adjoignît le général Bonaparte.

Napoléon demanda une demi-heure de réflexion. Dans cette demi-heure il pesa sa destinée sans doute. Se mettre d'un côté ou de l'autre dans cette lutte entre Paris et la Convention, c'était également se compromettre. Prendre un parti n'eût pas été possible à un homme uniquement préoccupé de son ambition. Mais l'image de la patrie apparut à Napoléon. Il songea au réseau de cette conspiration royaliste qui, embrassant l'Ouest et le Midi, envahissait déjà Paris. Le comte d'Artois débarquait à l'Isle-Dieu avec huit mille hommes. Charette l'attendait. Les troupes françaises sont hors des frontières. Où est la nation, où est le gouvernement?

La réponse n'est pas douteuse : c'est du côté de la Convention.

Napoléon n'hésite plus. Avec huit mille hommes il soumet en trois heures quarante mille sectionnaires bien armés et résolus à vaincre.

Les persécutions contre les royalistes recommencèrent à la suite du 13 vendémiaire. Mais Napoléon n'y prit aucune part. Il demanda la grâce du général Menou et rendit au jeune Beauharnais l'épée de son père. Peu de temps après, nommé en remplacement de Schérer au commandement de l'armée d'Italie, il commençait cette brillante campagne dans laquelle il surpassa Annibal ! Il avait vingt-six ans !

III.

La Convention dissoute, transformée, léguant les deux tiers de ses membres aux deux conseils qui, sous le nom de conseil des *Anciens* et de conseil des *Cinq-Cents*, forment le pouvoir législatif ; le directoire organisé, les ministères reconstitués, il semble que le rôle politique de Napoléon doive s'arrêter à ce début. Il a repris Toulon aux Anglais et pacifié les rues de Paris. Ces deux actes d'un caractère national et gouvernemental n'auront été qu'une promesse. La carrière de Napoléon s'arrêtera en apparence dans le cycle des gloires militaires.

Telle eût été en effet la destinée de Napoléon, si, comme Kellermann, Hoche, ou quelque autre soldat illustre, il n'eût porté dans sa tête que le génie des batailles. Mais chez lui le politique était plus grand que le capitaine. Commis de dernier ordre dans un ministère, Napoléon eût, par la seule puissance de son génie, atteint ce sommet de la pyramide qui couronne la figure de la hiérarchie.

Dès son retour à l'armée d'Italie, en mars 1796, ce qui frappe dans Napoléon plus que le général victorieux gagnant bataille sur bataille, c'est le diplomate. Sa correspondance avec le Directoire n'est plus celle d'un chef d'armée qui obéit aux ordres de son gouvernement; c'est celle d'un homme d'État consommé, qui dicte à des ministres les inspirations de son génie. « Je m'imagine qu'on se bat sur le Rhin, écrit-il à Carnot dans les premiers jours de mai 1796. Si l'armistice continuait, l'armée d'Italie serait écrasée; il serait digne de la République d'aller signer le traité de paix avec les trois armées réunies dans le cœur de la Bavière ou de l'Autriche étonnées. »

Bientôt ce ne seront plus des conseils qu'il donnera, mais des ordres. Et lui-même, s'emparant de la direction diplomatique, qu'il confond habilement dans les opérations militaires, négocie avec l'empereur d'Autriche, devient à la fois la tête et le bras de la France, et absorbe tous les pouvoirs par la seule supériorité du caractère et de l'intelligence. Le Directoire alarmé dissimule, et pour faire sentir son autorité expirante, il refuse de ratifier un des articles du traité de paix consenti par Napoléon. Cet article rendait Mantoue à l'Autriche. Barras, Rewbell et Laréveillère-Lépeaux voulaient conserver cette place. Carnot proposait d'y substituer Venise. La majorité n'y voulut pas consentir. Mais le tocsin des *Pâques vénitiennes* permit à Napoléon d'arriver en libérateur et de rétablir dans Venise le gouvernement démocratique.

Les dissentiments qui existaient entre les cinq directeurs, loin de s'apaiser, se compliquaient. Barthélemy s'appuyait sur la majorité du conseil des Cinq-Cents, où déjà les royalistes dominaient. Barras, Rewbell et Laréveillère-Lépeaux cherchaient dans l'armée une protection contre les complots parlementaires. Carnot ne croyait point à la puissance de ces complots royalistes.

Cette sécurité semblait le faire incliner vers Barthélemy; elle devait l'engager à repousser toutes mesures illégales et l'envelopper dans la défaite des royalistes, malgré ses opinions républicaines bien connues. Le club de Clichy, échauffé par les instigateurs du parti de l'émigration, perdait toute mesure. A ces déclamations contre-révolutionnaires, l'armée d'Italie répondait par de foudroyantes menaces. Napoléon était à Léoben. Il suivait les événements et envoya Augereau. Pendant ce temps il négociait à Campo-Formio et méditait sur l'organisation des divers pouvoirs. Dans sa pensée l'organisation du peuple français n'était encore qu'ébauchée. Il sentait son heure approcher et s'y préparait.

Lorsqu'après avoir signé cette paix, qui dans sa pensée ouvrait l'ère des gouvernements représentatifs, Napoléon rentra en France (5 décembre 1797), la singularité de sa situation fut visible à tous. Il dépassait en capacité, en gloire et en popularité tous les pouvoirs existants. Cette anomalie était si frappante que le Directoire, malgré ses alarmes et sa jalousie, ne put se dispenser de lui faire une réception triomphale. La solennité eut lieu le 10 décembre, dans la grande cour du Luxembourg, où l'on avait élevé un autel de la patrie.

Napoléon y parut simple et calme, et fut harangué par Talleyrand et Barras, avec des formes de langage qui rappelaient les félicitations adressées aux souverains.

En réalité, les directeurs cherchaient à l'éloigner. Rewbell y mit une insistance particulière. Napoléon s'éloigna de Paris, visita les côtes, et revint avec une de ces résolutions que le génie seul conçoit et exécute. Il avait formé le dessein d'aller frapper l'Angleterre en Égypte. Il mettait fin, par son éloignement, à une situation impossible entre le Directoire et lui; il se couvrait d'une gloire nouvelle, et attendait, au milieu de ses compagnons d'armes, que les derniers débris des pouvoirs révolutionnaires achevassent de se disperser.

La prescience de Napoléon est ici admirable. Il a non-seulement la foi de son inévitable destinée, mais ce coup d'œil profond qui lui permit de voir dans l'avenir. « Les Français ne sont pas encore assez malheureux, » avait-il répondu, avant son départ pour l'Égypte, à ceux de ses partisans qui le pressaient de monter à cheval et de se mettre à la tête du pouvoir, en renversant les directeurs.

Lui parti, il sembla que ce gouvernement directorial n'eût plus ni tête ni bras. L'âme de la France n'était pas dans les conseils du pouvoir. Elle était avec Napoléon. La fortune abandonna nos armes en Italie, la guerre prit une tournure alarmante. L'Autriche et la Russie redoublèrent d'efforts contre la France. La discorde devint plus vive parmi les directeurs. Entre la majorité du Directoire et le conseil des Cinq-Cents, où siégeaient deux cents patriotes, fermentaient des haines qui ne prenaient pas seulement leur source dans des questions de principes.

Jamais les passions individuelles, jamais les ambitions de personnes ne surgirent en France avec plus d'intensité que dans les derniers jours du Directoire. De l'ancien esprit de la révolution, il ne restait que l'esprit d'aventure. Mais la plupart des hommes qui s'étaient élevés dans ces temps d'anarchie avaient perdu la foi philosophique de 1789, l'implacable stoïcisme de 1793. Ils ne croyaient plus aux formes gouvernementales existantes. La république les alarmait par la fatigue qu'elle leur causait. Cette instabilité permanente ne convenait pas à des parvenus. Quiconque avait acquis voulait jouir. Il n'existait plus ni amour du peuple, ni confiance dans ses instincts. Le peuple, aussi chimérique que l'Ulysse de l'Odyssée, devient réellement personne, quand plusieurs années de révolutions ont démontré son inconstance.

Le Directoire avec le système de renouvellement partiel, avec les intrigues permanentes auxquelles donnait lieu le partage du pouvoir suprême entre cinq personnes, n'offrait aucune garantie aux fortunes et aux positions acquises. Quant aux ambitions nouvelles, elles ne pouvaient risquer sur un pouvoir aussi fragile l'engagement de leur avenir.

Bref, l'esprit français avec son besoin d'autorité, d'ordre et d'organisation, s'éveillait de toutes parts. Cette société, lasse d'anarchie, lasse de se voir livrée aux caprices des révolutions et aux fantaisies de la liberté, appelait de tous ses vœux la liquidation du passé et l'édification d'une hiérarchie nouvelle.

De l'ancien Directoire il ne restait que Barras. Sieyès, Roger-Ducos, Moulins et Gohier avaient remplacé Rewbell, Laréveillère-Lépeaux, Treilhard et Merlin. Le 18 fructidor avait engendré le 20 prairial. Coups d'État de pouvoir exécutif et de pouvoir législatif se succédaient sans qu'on en pût prévoir la fin. Déjà la scission qui s'était formée entre les *patriotes* et les *politiques*, scission qui ne marquait pas seulement la division des exaltés du conseil des Cinq-Cents et des anti-révolutionnaires du conseil des Anciens, mais qui impliquait le même antagonisme dans le pouvoir dirigeant, présageait assez de nouveaux troubles.

La France, dégoûtée, découragée, sentant qu'elle n'était plus gouvernée, qu'il ne lui restait plus de la révolution que les petites passions; que le péril grandissait et que le courage civil n'était plus là pour le conjurer, la France disait : « Où est Napoléon? »

De son côté, le Directoire sentait son impuissance. Il lui eût fallu pour le ranimer une intelligence et un bras.

Cet idéal que poursuit vainement le Directoire, Napoléon le réalise en Égypte.

« L'harmonie est parfaite; le capitaine et son armée ne sont plus qu'un chœur et son chef, des parties différentes d'un même tout. A l'occasion de l'anniversaire de la fondation de la République, qui semble l'oublier, dans ces régions égyptiennes où la destinée paraît vouloir l'ensevelir et où les ossements français doivent blanchir au soleil, il leur retrace les péripéties de ce rôle qui, en cinq années, a déjà embrassé tant de phases : la prise de Toulon, la défaite des Autrichiens à Dego, le passage des Alpes, Mantoue, la bataille de Saint-Georges. « L'an » passé, vous étiez aux sources de la Drave et de » l'Isonzo, de retour de l'Allemagne, qui eût dit » alors que vous seriez sur les bords du Nil, au » centre de l'ancien continent ? Depuis l'Anglais, » célèbre dans les arts et le commerce, jusqu'au » hideux et féroce Bédouin, vous fixez les regards » du monde. Soldats, votre destinée est belle..... » Dans ce jour, quarante millions de citoyens célè- » brent l'ère des gouvernements représentatifs ! »

« Quel poëte et quel voyageur ! Ne dirait-on pas de Christophe Colomb offrant à ses compagnons la conquête d'un monde ?

» Tout est merveille dans cette campagne étonnante. L'homme grandit avec le danger. Le Caire s'est révolté, le désert entier étincelle de lances et de fusils. Napoléon s'élance au-devant des vaincus révoltés. Il arrive pareil au simoun et au sirocco. « L'heure de la clémence est passée, » dit-il. Le voilà plus terrible qu'un des fléaux imaginés par le génie de la Bible, et le lendemain vous le voyez, suivi d'une pléiade de savants, le front pensif, incliné vers le sol, et cherchant dans les sables de Suez les traces du canal de Sésostris.

» Mais c'est dans la campagne de Syrie qu'apparaît sous son aspect le plus capable de frapper l'imagination des masses le jeune général qui porte dans son cœur et dans sa tête la fortune de la Révolution. La guerre entre la République et la Porte ne permet pas un instant de repos à l'armée française. Elle entre en Syrie, détruit la garnison d'El-Arich, canonne le château, traverse Gaza et tombe sur Jaffa, où s'accomplit un massacre inouï. Hélas! l'Empire Ottoman, dont les cordons sanitaires ont détruit la plus redoutable force, avait encore la peste. L'épouvantable mal apparaît soudain, comme un vengeur, à la suite de cette immolation de tout ce qui défendait Jaffa. La peste est dans les rangs de l'armée d'Égypte! La terreur et le découragement s'emparent de l'âme du soldat. Christophe Colomb découvrira-t-il l'Amérique ou sera-t-il massacré par son équipage? Jusqu'à quel point le génie, la volonté d'un seul dompteront-ils la volonté de ces multitudes? Quand l'idée sera-t-elle une? Quand sera-t-elle accomplie, cette incarnation complète du chef et de ses soldats? Quand le mystère sera-t-il réalisé?

» Souvenez-vous du tableau de Gros! Rappelez-vous, sous ces hautes arcades d'un palais sombre, le palais des tortures et du désespoir, ce peuple de pestiférés qui jonche le sol couvert de paille, dans toutes les attitudes de la mort, de la stupeur et de l'agonie. C'est un lieu de terreur, chacun s'en éloigne les cheveux hérissés d'effroi. Tout à coup, un homme paraît sur ce seuil désolé. C'est le jeune général de cette armée de mourants. Il entre, vêtu de ses plus brillants habits militaires, couvert de ses armes les plus étincelantes. Son état-major consterné le suit. De sa main dégantée il touche les poitrines livides. O saint attouchement! « Lève-toi, Lazare! » et Lazare se leva. Antique mystère du symbole chrétien, parfaite communion de l'homme avec l'homme, charité du commandement, principe divin de l'autorité, vous voilà réalisés! Il peut désormais aller au bout du monde, à travers la mort, la faim, la misère, la mitraille, dans la glace et dans le feu, ces armées le suivront. Et quand l'implacable destin l'aura couché dans une tombe sur un étroit rocher perdu de l'Océan, l'humanité tout entière se tournera vers ce rocher, et les nations opprimées, les yeux fixés sur cette tombe, attendront le troisième jour et la résurrection! [1] »

On sait comment Napoléon apprit en Égypte, dans un isolement sans exemple, les malheurs de la patrie. Que le Directoire l'en ait informé, comme on l'a prétendu, ou que les journaux étrangers, que le général anglais lui faisait passer à dessein, lui aient seuls appris les événements d'Europe, il

[1] Voir dans les *Portraits politiques au dix-neuvième siècle*, notre notice sur Napoléon Ier.

importe peu. Ce qu'il y a de remarquable ici, c'est la sûreté du jugement de Napoléon. Il comprit que la France l'attendait. Il débarqua malgré la flotte anglaise. Et dès qu'il eut touché le sol de la France, deux cris retentirent dans le pays :

« Voilà le vengeur ! » disaient les uns.

« Salut au libérateur de la France ! » articula le peuple entier.

IV.

Cette fois Napoléon revenait en France avec l'idée arrêtée d'en finir. Son mandat était clair. Il l'avait reçu de Fréjus à Paris d'un peuple enthousiaste accouru sur son passage. Son mandat était aussi dans la nécessité et dans cette vérité qu'en temps d'anarchie le gouvernement est légitimement au plus fort et au plus capable.

Les partis voulurent, comme à son retour d'Italie, l'attirer et l'absorber. Lui s'écarta, reprit dans sa petite maison de la rue Chantereine ses habitudes de simplicité, de travail et de solitude.

L'idée d'une modification du pouvoir était dans tous les esprits. Sous forme de présidence de la République, le sentiment monarchique tendait à se reconstituer. Sans doute, aucun des hommes qui aspiraient au pouvoir suprême ne songeait à la royauté. Mais c'était toujours au gouvernement d'un seul que devait aboutir le dénoûment de la situation. Entre la République et la royauté, également impossibles à la suite de nos révolutions, le régime impérial s'offrait seul comme une inévitable solution. Et pourtant nul ne le voyait encore dans les préparations du 18 brumaire.

Le Directoire était devenu ce que fut en 1848 la Commission exécutive : quelque chose d'insupportable à force de faiblesse. Et comme il joignait à la faiblesse les mauvaises passions, on le détestait. Le tableau suivant, que nous empruntons à une étude de l'empereur Napoléon III, donne une idée exacte de la situation de la France.

« Il est au contraire de notoriété publique que le Directoire n'avait conservé de la Convention que les haines, sans en recueillir ni les vertus ni l'énergie. La France périssait par la corruption et le désordre. La société avait à sa tête les fournisseurs et les faiseurs d'affaires, hommes sans conscience ni patriotisme. Les généraux d'armée, tels que Championnet à Naples, et Brune en Italie, se sentant plus forts que le pouvoir civil, ne lui obéissaient plus et emprisonnaient ses mandataires. D'autres s'entendaient avec les chefs des chouans, et trahissaient la République. Le crédit était anéanti, le trésor était vide, la rente était tombée à 11 francs, les ressources du pays étaient gaspillées par une administration vénale; le brigandage le plus affreux infestait la France; l'Ouest était toujours en insurrection; l'Italie avait été perdue, et malgré la victoire de Zurich, l'ancien régime, fort de nos défaites, de nos dissensions intestines, de la faiblesse du gouvernement, s'avançait menaçant à la tête de la coalition étrangère. La liberté, au lieu de commencer à *réagir par elle-même*, comme le dit M. de Lamartine, était un mot vide de sens, car les seules lois en vigueur étaient les lois d'exclusion ou de proscription. Il y avait *cent quarante-cinq mille Français en exil*. Les anciens conventionnels étaient exclus de tous les emplois. L'écrivain dont les paroles tendaient à attaquer la forme existante du gouvernement était *passible de la peine de mort*. La loi des otages, qui détruisait la sécurité de *deux cent mille familles*, était maintenue dans toute sa rigueur. Des entraves sans nombre arrêtaient la liberté des cultes. Les persécutions des théophilanthropes avaient soulevé la Belgique; les prêtres réfractaires ou assermentés gémissaient également en prison ou en exil. La loi de l'emprunt forcé produisait les plus funestes effets sur les propriétés; les domaines nationaux avaient cessé de se vendre, et les ressources du revenu public étaient taries. Tel était l'esprit, telle était la liberté qui régnait à cette époque malheureuse [1]. »

[1] Œuvres de Napoléon III, t. III, p. 142. (Édition de Tremblaire.)

Deux hommes dans le Directoire poursuivaient le même but que Napoléon, quoique ni l'un ni l'autre ne fussent en état de gouverner. C'étaient Barras et Sieyès.

De la part d'une nullité comme Barras, une pareille prétention était tout au plus digne du mépris et du rire des Français. Chez cet homme qui représentait la révolution dans ce qu'elle avait de pire, chez ce roué que Napoléon nommait avec originalité le *chef des pourris*, une pareille ambition n'était qu'une ridicule fatuité.

Barras essaya pourtant, en se cachant derrière la personnalité vulgaire d'un certain général Hédouville, de jouer une impossible comédie. L'œil sérieux de Napoléon se posa sur Barras, tandis qu'il lui faisait cette fausse confidence, de façon à lui couper la parole. Et Barras, le lendemain, demandait humblement à n'être pas oublié dans la formation des nouveaux pouvoirs.

Sieyès fut plus fin. Son ambition était plus haute et plus forte. Il avait joué dans les premiers orages de la révolution un rôle qui répandait encore sur sa personne un certain prestige. Nul ne possédait mieux que lui la métaphysique d'une constitution. Mais aussi nul peut-être n'en concevait plus mal la pratique. Il avait puisé, comme Talleyrand, aux habitudes d'église une science de lenteur dans les moyens qui n'excluait chez lui ni l'audace, ni la fermeté. Il avait trouvé le secret de survivre à la terreur, ce qui, avec un nom comme le sien, et dans le milieu où il avait vécu, prouvait déjà une habileté peu commune. Toutes ses qualités étaient en quelque sorte souterraines. Il avait des rancunes et de muettes colères de prêtre, un orgueil de philosophe ; en réalité beaucoup d'ambition jointe à beaucoup de souplesse dans les questions de principes.

Il s'était lentement créé de grandes influences parmi les politiques du conseil des Anciens. Il était vis-à-vis de ce groupe ce qu'est un directeur près de la conscience des personnes dévotes. Il parlait et communiquait peu, et, tout en abusant du mutisme, savait fort bien se faire comprendre et tirer parti des dons négatifs dont la nature l'avait doté.

Dans la solitude dont il s'était fait une règle d'existence, il avait médité une constitution. Élucubrer des constitutions fut l'occupation de la longue existence de Sieyès, et lui valut une réputation de penseur qui fut la gloire de sa carrière. Cette constitution était une espèce de filet métaphysique dans lequel Sieyès espérait prendre Bonaparte. Il rêvait pour lui-même une espèce de royauté philosophique dissimulée sous le nom de grand électeur. Napoléon eût été son épée, rien de plus. Ce songe se dissipa le soir même du coup d'État, dès la première délibération qui eut lieu entre les trois consuls.

Le coup d'État du 18 brumaire fut arrêté entre Sieyès et Napoléon. Ce n'est point ici le lieu d'en raconter les péripéties. L'histoire proprement dite n'entre pas dans le cadre de ces Essais. Nous cherchons le sens politique de la légende beaucoup plus que nous ne nous attachons à en reproduire les incidents et le drame. Il nous a suffi de conduire Napoléon jusqu'à la place où le rayonnement de son génie pourra s'étendre sur toutes les matières d'État qu'il était appelé à féconder.

De ce simple coup d'œil sur ceux des actes de Napoléon que l'esprit de parti lui reproche, il résulte à notre sens deux vérités incontestables :

1° La nature l'avait formé pour un but suprême dont il eut conscience dès ses plus tendres années, et vers lequel il dirigea constamment sa pensée et ses actes.

2° Dans toutes les circonstances critiques auxquelles Napoléon dut partiellement son élévation, s'il agit en vue de cette destinée supérieure, il obéit toujours à deux principes dominants. L'ambition individuelle, dans laquelle ses détracteurs veulent voir l'unique mobile de sa conduite, n'y tient qu'une place secondaire. Nos idées sont de beaucoup plus impérieuses que nos passions. Les deux idées, les deux principes qui gouvernèrent sa vie et présidèrent à ses actes les plus douteux, furent invariablement : la foi dans la vertu de l'autorité et le sentiment national.

Quant à la crise finale qui transforma le consulat en empire, elle ne soulève pas, selon nous, l'ombre d'une question morale. Les casuistes de la politique et de l'histoire essayeront vainement de donner à cet acte le caractère d'une violation de serment, leur argumentation ne tient pas contre le raisonnement le plus sommaire.

On a dit avec autant d'esprit que de bon sens qu'on ne tuait pas la République, parce que la République, n'étant point une personne, ne peut être qu'un symbole, et qu'on n'égorge pas un symbole.

Il en sera donc de même de tout serment prêté à un être absent et figuratif.

On ne tue pas une République : une République est la dénomination collective donnée à une sorte de contrat social.

Or, quand la République meurt, c'est que ceux qui la représentaient, c'est que le peuple qui l'avait adoptée, n'y tiennent plus.

Le contrat s'éteint par l'absence des contractants ou par leur volonté d'y mettre fin.

Que devient alors le serment prêté à un contrat qui n'existe plus de fait? Ne tombe-t-il pas de soi-même?

Qui viole en pareil cas le serment? Est-ce l'empereur ou le roi qui succède à la République? ou n'est-ce pas plutôt la nation entière?

Or comme la nation, quelles que soient les formes gouvernementales, est non-seulement un être moral, mais encore un être réel, dont le règne est permanent, et qu'elle ne confie ses destinées à un gouvernement qu'autant qu'elle y trouve l'expression de ses sentiments et de ses besoins, on ne saurait l'enfermer dans une accusation de parjure.

Un peuple peut errer, il ne se parjure jamais. Il y a des choses qui n'existent que par rapport à autrui, et qu'on ne se fait pas à soi-même.

Le serment d'un fonctionnaire à une République ou à un contrat cesse avec le contrat lui-même.

Le serment d'un fonctionnaire à un monarque est fort différent, car mort le titre, resterait encore la personne.

Le titre de constitution, de République, de contrat quelconque, ne s'incorpore point individuellement.

Brisé par un coup d'État ou un coup de peuple, légalement abrogé ensuite par un plébiscite ou par un vote national quelconque, rien ne reste. Le contrat n'est plus, le serment ne porte plus sur rien.

Mais que dans cette hôtellerie de Venise, dont parle Voltaire, un roi détrôné rencontre au carnaval son ex-chambellan ou tel autre de ses féaux serviteurs, il peut lui jeter son gant au visage et lui dire : Je te proclame parjure et traître!

Rien de semblable dans le premier cas. Le vote populaire a tout effacé. S'il est des gens qui dans leur cœur continuent le serment quand même, je les déclare fidèles à une prosopopée et radicalement absurdes.

Dans une démocratie, malheur aux minorités!

V.

Épée de la Révolution! disent les hommes qui, engagés par des liens de partis ou asservis au simple despotisme de leurs préjugés d'enfance, répètent sans s'en douter, sous forme laudative, la jésuitique formule dans laquelle on a voulu enchaîner le génie de Napoléon.

Considérer à cet unique point de vue le règne de ce grand homme impliquerait que son gouvernement ne fut qu'une affaire de despotisme, d'expédients et de hasards, dont la victoire soutint le fragile échafaudage. Le vulgaire aime à s'arrêter à cette donnée. La poésie des batailles, les péripéties gigantesques de l'épopée impériale frappent son imagination et suffisent à l'idéal qu'il a entrevu. Et comme Napoléon tomba à la suite d'une bataille perdue, la destinée semble confirmer ces commentaires ineptes des décrets de la Providence.

Ils ne tiennent compte ni du nombre des ennemis

de la France et de la Révolution, ni de vingt-cinq années d'efforts dirigés contre elle, ni surtout de la trahison intérieure.

On ne peut pas dire du reste que le peuple français ait été ingrat envers l'Empereur. Aucun souverain au monde n'a été l'objet d'un pareil amour, aucun n'a laissé un souvenir égal à celui de Napoléon dans l'âme de ce pays dont il fut le chef.

« L'imagination des masses entrevoit les batailles de l'empire sous le même aspect. À la lueur des canons, à travers la fumée de la poudre, des torrents d'hommes, fantassins et cavaliers, se ruent avec un désordre apparent sur d'autres flots humains. Au premier plan, des boulets roulent et déchirent le sol. La terre est jonchée de débris de chevaux morts, d'armes brisées, de cadavres à l'air farouche et martial.

» Debout, la main derrière le dos, ou à cheval, en avant d'un brillant état-major, un homme en redingote grise et coiffé d'un petit chapeau sans plumes, examine avec une lorgnette les mouvements des troupes qui couvrent le champ de bataille. C'est Napoléon.

» Les yeux de son état-major sont attachés sur lui. On dirait qu'ils cherchent à lire sur ce calme visage le secret des destinées de la patrie. Je ne sais quel sentiment de respect, d'admiration et d'absolue obéissance marque toutes ces physionomies d'une même empreinte. Ils attendent une parole, un ordre, un geste, un signe. Jamais l'union des volontés ne fut plus complète qu'à cette heure de péril. Tout rayonne vers cet homme. Il semble qu'il soit passé en âme et en esprit dans le cœur du dernier de ces soldats qui s'élancent vers la mort. Les blessés eux-mêmes se soulèvent à demi sur la terre rougie de leur sang, et tendent vers lui leurs bras : *Morituri te salutant!*

» D'où vient ce mystère ? Cherchez dans les annales des guerres européennes. Partout, en tout temps, vous rencontrerez des actes de courage, de sacrifice. Mais où trouver cette parfaite unité de volonté ?

« Quelle que soit la rapidité de sa pensée, a dit » un publiciste, elle est déjà innée dans ceux qui » doivent l'exécuter; les hommes et les choses de» viennent son commandement, en sorte que si le » général a été de loin préparé pour de pareils sol» dats, d'autre part ces soldats ont été faits d'avance » pour ce général. Dès la première journée, ils » s'entendent sans se parler.

» A la bataille de Castiglione, un soldat sort des » rangs. « Général, voici ce qu'il faudrait faire. — » Tais-toi, malheureux ! » C'était précisément l'or» dre que le général voulait donner. »

» A Waterloo, même exemple. C'est un caporal

de la garde qui s'approche de l'Empereur et lui dit : « Sire, le maréchal Soult *nous* trahit ! » Pourquoi nous? Un soldat eût-il dit cela sous Louis XIV ? Les soldats sur facture de l'Angleterre, les paysans russes enrôlés par le knout, ont-ils de ces paroles ? Qu'est-ce que ce *nous* qui exclut d'un seul coup les hauts grades, c'est-à-dire la richesse et l'aristocratie. Ce soldat, c'est le peuple; ce général, c'est le peuple général et roi; ce nous, c'est la révolution qui unit et identifie le chef et les soldats.

» Chef et soldats savent qu'ils se battent pour quelque chose de plus qu'une province à conquérir ou une injure à venger. Ils sont le glaive d'une grande idée, d'une cause humaine et juste. Aussi dépassent-ils toute mesure ordinaire. Aussi ces batailles où des masses innombrables comparaissent, comme des nations entières, en un même lieu, à une même heure, ont-elles quelque chose de solennel, de grandiose, qui efface tout ce que la pensée a pu concevoir en ce genre, tout ce que l'histoire nous a légué de glorieux souvenirs. Il semble qu'un soleil plus éclatant les colore de ses rayons. On a dit le soleil d'Austerlitz et l'on dit encore le soleil de Napoléon.

» Non, ceci ne fut pas œuvre de ténèbres et de despotisme [1]. »

[1] Notice déjà citée.

Mais l'esprit des multitudes ne descend point dans l'analyse. Il subit l'impression de la grandeur sans en saisir les causes réelles. Ce qu'il voit dans le grand homme, c'est le Napoléon de la légende.

Celui-là est connu.

Ce qu'il importe aujourd'hui en France d'expliquer à l'opinion publique, ce n'est pas le capitaine, c'est le législateur.

Or quiconque a pris la peine d'examiner avec attention l'organisation du gouvernement impérial telle que la conçut Napoléon, telle qu'il l'appliqua en grande partie, telle qu'il l'eût absolument réalisée, avouera que ni dans l'histoire ni surtout dans l'utopie on ne saurait rencontrer une plus forte idée du gouvernement démocratique.

Quelques lacunes sans doute existent encore dans le cosmos gouvernemental. Quelques rouages provisoires marquent plutôt qu'elles ne définissent la place et le rôle de telle ou telle institution. Mais il est évident que ce n'est point le génie qui a fait défaut à leur ordonnateur. Le temps et les circonstances lui ont manqué. A l'intérieur comme à l'extérieur le plan de sa pensée a dû souvent se plier aux exigences du provisoire.

On peut réunir l'utopie de Thomas Morus à celle de Campanella, celle de Fourier à celle de Saint-Simon, mettre bout à bout toutes les constitutions présentes et passées, en tirer la quintessence, on en fera un beau roman peut-être. Mais quiconque se plaît à l'étude des matières d'État et y apporte ce fort sens commun qui en est la première condition, conviendra sans doute que l'application complète des idées gouvernementales de Napoléon Ier eût, selon son expression, formé une nation « bâtie à chaux et à sable. »

Je ne trouve ni dans la société grecque, ni dans la romaine, ni dans celle de notre moyen âge, ni dans celle de l'ancienne monarchie française, ni dans la constitution américaine, ni dans la constitution anglaise, un ensemble aussi homogène, un mécanisme aussi simple et en même temps aussi savant, aussi dépourvu de métaphysique et de fantaisie, aussi profond pourtant dans l'ordre des idées pratiques et conformes à la véritable nature de l'homme.

Comme Moïse, comme Mahomet, Napoléon est un génie original et créateur, mais essentiellement positif. C'est le père de famille d'une nation. Il discute peu, observe, prend conseil, agit. Il ne se fait pas sur le caractère de l'homme des illusions folles, mais il n'a pas le pessimisme catholique. Aussi n'est-il ni aventureux, ni rétrograde. Il sait l'homme éternellement semblable à lui-même, et cette pensée affermit en lui l'idée de puiser dans la tradition tout ce qu'elle peut apporter de solidité au droit nouveau, tel qu'il est sorti de la révolution.

Mais ce respect de la tradition n'entrave point son génie et ne va pas jusqu'à le ramener aux fautes de la veille. Il empruntera plutôt à César, à Constantin ou à Charlemagne, qu'à Louis XVI ou à ses devanciers.

Au surplus, la France qu'il entrevoit à travers son idée gouvernementale est une France nouvelle, jeune, glorieuse et laborieuse, pleine de force, de joie et de santé. C'est une France unie, dans laquelle on se sent les coudes et où l'on marche serrés vers un même but de grandeur et de bonheur commun.

Quoique Napoléon ait traversé la période révolutionnaire, que ses oreilles soient encore remplies de ces chants de liberté qui retentirent en 1789 avec l'ouverture de la Constituante, bien qu'il ait entendu sur ce thème les plus grands orateurs qui remuèrent le monde au bruit de leur parole, bien qu'il ait assisté à l'ivresse la plus sincère, la plus sainte même qui puisse jamais embraser l'imagination d'un peuple, jamais son génie positif ne s'est mépris sur le sens véritable de ce mouvement, sur le rôle de la liberté, sur sa définition réelle.

Quand nous voyons aujourd'hui, à force de déviations successives, ce terme ambigu devenu le sujet des plus folles spéculations de la métaphysique, quand nous voyons les anciens et les nouveaux partis, de bonne ou de mauvaise foi, plongés dans la même erreur et proclamant les mêmes chimères, il nous est impossible de ne pas reconnaître la supériorité de l'idée napoléonienne. Nous ne nous étonnons pas que la conséquence logique de ces chimères et de ces erreurs ait été de ramener le régime impérial en France, puisque lui seul resta dans le véritable sens social.

Napoléon Ier ne se méprit pas, et ce fut son principal mérite, sur le sens du mot liberté. Il comprit qu'elle devait être la déesse des premiers jours de la Révolution, puisqu'il s'agissait de renverser l'ancien et oppresseur ordre de choses. Le peuple français cherchait le secret de sa souveraineté, et il nommait cette souveraineté nationale liberté. Plus tard on donna au mot une extension prodigieuse. Jusqu'au milieu des horreurs révolutionnaires, tout prit le nom de liberté. Sous l'empire de certaines épidémies, presque toutes les maladies affectent quelques-uns des symptômes du grand mal qui règne. Il en est de même dans l'ordre des idées et des sentiments.

Napoléon s'acheminant vers la souveraineté, méditant sur les lois éternelles qui régissent les sociétés, comprit que les principes d'autorité ou d'obéissance à la loi, ou de prédominance de la cause publique à la cause individuelle, formaient l'essence et la base de toute agglomération d'hommes vivant en commun et constituant la personne de l'État. Il vit bien que l'autorité formait le lien de ces volontés, tandis que la liberté n'en exprimait que l'expansion individuelle sous forme écrite et parlée. Il put s'expliquer comment l'ancienne société française avait péri; et il vit bien que le privilége, ennemi du droit public, ennemi de l'État, et non le principe d'autorité, causa sa ruine. Le principe d'autorité, aussi étendu qu'il puisse être, aussi rigoureux que puissent l'exiger les circonstances, n'amènera jamais la ruine d'un peuple et le renversement d'un gouvernement, pourvu que l'égalité lui fasse toujours une exacte balance et que le privilége, sous une forme quelconque, ne rompe pas cet équilibre.

Sur cette base, Napoléon Ier se posa la question du peuple et de l'État; et sa pensée lui répondit par ces mots : hiérarchie, organisation.

Organisation est la nécessité de la forme la plus élémentaire qu'on puisse imaginer en matière de gouvernement.

Sans la hiérarchie, une société ne serait qu'un attroupement.

La société américaine, où la hiérarchie n'est pas constituée, où le pouvoir civil est si faible, ressemble, par rapport à une société complète, à un mollusque dans le règne animal. On entrevoit quelques-uns des principaux organes. Mais entre cette informe et naissante ébauche de l'État et l'État lui-même, il y a une immensité. Entre cette compagnie de négociants, régie par quelques règlements élémentaires, dénuée de toute esthétique, sans charité, sans grâce, sans histoire, sans art et sans sécurité, et une société comme la société française, quelle comparaison à établir?

Ce n'est pas par esprit d'hostilité qu'on s'exprime ainsi à propos des États-Unis d'Amérique, mais pour rendre hommage à un principe. Lorsqu'on songe, au contraire, au petit nombre d'années d'existence de cette société et en combien peu de temps elle a débrouillé le premier chaos de sa formation, il est au contraire de toute justice de rendre hommage à son génie et à son activité. Un peuple de soixante-dix ans ne saurait avoir parcouru les phases d'une nation de quatorze siècles.

Principe d'autorité, organisation de l'État, hiérarchie dans la nation, de ces trois propositions se déduisaient toutes les propositions de la seconde série se rattachant au mécanisme administratif, politique, judiciaire, etc. L'armée, la justice, l'enseignement, l'administration politique, le culte, la Légion d'honneur elle-même, formaient des circonscriptions et divisions, conçues d'après un plan uniforme et répondant à l'idée de puissance nationale, de justice, de philosophie, de morale, etc. De sorte que le fait et l'idée, la théorie et la pratique, étaient réalisées simultanément. Comme dans le mécanisme des sphères célestes, l'harmonie la plus parfaite présidait au plan général de cette organisation du peuple français.

Dans une étude complète et précieuse par sa profondeur et par sa clarté, l'empereur Napoléon III a donné en ces termes le secret de cette harmonie : « Pour résumer le système impérial, on peut dire que la base en est démocratique, puisque tous les pouvoirs viennent du peuple ; tandis que l'organisation est hiérarchique, puisqu'il y a dans la société des degrés différents pour stimuler toutes les capacités.[1] »

Jamais l'idée de l'État ne m'est apparue plus nette, plus débarrassée de cette métaphysique si étrangère à la vraie politique, et dont la mode fatale s'est propagée en France depuis 1789, que dans cette simple étude, où rien n'est oublié, et où le plan de l'idée napoléonienne se déroule, ensemble et détail, avec une telle lucidité qu'un enfant de douze ans la comprendrait aussi aisément qu'il comprend une fable d'Ésope ou de la Fontaine.

Il semble que pour sauver l'influence et la pensée de la révolution, Napoléon Ier ait suscité l'âme de la nation, sollicité toutes ses ressources vitales, développé toute son activité corporelle et intellectuelle, philosophique et religieuse, morale et po-

[1] *Des idées napoléoniennes*, question intérieure, chap. III.

litique, commerciale et agricole, industrielle et artistique.

Au spectacle de cette pensée, où président la science et le bon sens, où règne une lumière admirable, l'esprit s'arrête étonné, ému. Et plus on pénètre dans l'idée de Napoléon Ier, plus cette émotion grandit. Car il y a vraiment quelque chose de touchant à voir cette pensée magistrale descendre, pour ainsi dire, jusqu'au simple foyer du pauvre, s'y asseoir, en étudier le malaise, en rechercher, par la protection accordée au sol, par cent institutions ingénieuses et charitables, le remède efficace, et laisser, en partant, sous le plus pauvre toit, une pensée de patrie, de gloire, de moralité, de travail et de bien-être.

On conçoit alors comment l'immense bonté est inséparable de l'immense intelligence.

VI.

César convie les peuples à l'unité romaine, mais il les absorbe.

Charlemagne, patron des nations, ébauche la fédération européenne.

Napoléon Ier en donne l'idée complète.

Telle fut du moins la pensée qui présida à ces grandes convulsions, à travers lesquelles l'esprit de parti, prompt à sacrifier à ses passions rancunières ce qui fait la gloire du pays, ne voulut voir que l'expansion d'une ambition colossale.

Nous avons vu, à l'intérieur, Napoléon Ier père de famille d'un peuple, nous le verrons, à l'extérieur, apporter ce même génie oriental et devenir un père des nations, un Abraham de la famille européenne.

Dans l'imagination de la démocratie la plus large, la plus chimérique si l'on veut, puisqu'elle se propose un idéal beaucoup au-dessus du pouvoir et des intérêts des gouvernements existants, le plan d'une refonte de la carte européenne par l'office et l'influence d'un principe nouveau dans la diplomatie pourrait se déduire à peu près dans les termes qu'on va lire.

Je m'identifie un moment avec cette pensée radicale, et j'expose la théorie suivante :

L'idée d'un gouvernement démocratique est indissolublement liée à celle du suffrage universel.

Le gouvernement qui, par sa forme et son essence, se rapprocherait le plus de l'idéal d'une démocratie, serait celui dans lequel le peuple interviendrait le plus directement possible, non dans le maniement des affaires du pays, mais dans leur solution ; où le sens de toute loi, de toute réglementation administrative ou financière, émanerait de l'expression des besoins ; où chaque profession, chaque industrie (la nécessité de l'État, de ses attributions et de ses charges étant donnée), serait consultée et pourrait satisfaire, au mieux de ses intérêts, à la nécessité publique.

La politique extérieure d'un gouvernement démocratique doit être basée sur un principe analogue. L'esquisse d'une diplomatie nouvelle aurait donc pour base, la nécessité de l'intégrité nationale étant donnée, de consulter les peuples sur la façon dont ils entendent disposer de leurs propres destinées, et non pas les monarques sur la façon dont ils entendent disposer de la destinée des peuples. En un mot, le principe d'une diplomatie nouvelle serait de se proposer un but d'équité, et d'aspirer à la prépondérance en Europe par la recherche de la justice, au lieu d'y tendre par des subtilités de chancellerie, des pactes de despotisme ou des alliances matrimoniales.

Ce qu'on a nommé l'équilibre européen, au dernier siècle, est une chimère. La politique du chacun chez soi, imaginée aux Jacobins et poursuivie par Louis-Philippe, Guizot, continuée sous la république par MM. Cavaignac et Bastide, est usée.

L'équilibre n'a jamais existé.

La politique extérieure de Robespierre, de Louis-Philippe et de M. Guizot est morte le 24 février 1848, par impuissance de vivre.

La même politique extérieure, galvanisée et

continuée par MM. Cavaignac et Bastide, est retombée aux élections présidentielles, entraînant avec elle la seconde république française.

Il n'y aura d'équilibre européen que lorsque l'esquisse d'une diplomatie nouvelle, basée sur le principe démocratique, sur le droit des peuples, qui n'est que l'extension du droit des gens, sur l'équité naturelle, sur la loi physiologique des races et des nationalités, sera constituée dans la pensée des diplomates de l'Occident.

Une carte nouvelle de l'Europe, carte lumineuse que chacun peut lire des yeux de l'âme, apparaît magnifiquement, selon cette même théorie, à travers le réseau de sang et de chaînes du passé. C'est la carte de la liberté des peuples.

Avec elle disparaissent toutes ces sombres préoccupations des vieilles diplomaties sur le sort de la civilisation, et dont souvent s'est ému le despotisme lui-même. Il ne s'agit plus de maintenir et d'équilibrer l'antagonisme éternel de la Russie et de l'Angleterre. L'Europe centrale, débarrassée de cette étreinte, respire largement au souffle de l'indépendance.

Bref, le plan que nous essayons de traduire loyalement offrirait le spectacle de l'unité allemande constituée;

De la fédération scandinave, Suède, Norvége, Finlande, Danemark, moins les duchés de Holstein et de Lauenbourg, rendus à leur origine et à leurs aspirations germaniques;

De la nation italienne débarrassée de l'Autriche et unifiée depuis la Sicile jusqu'au pied des Alpes;

De la Grèce, rendue à sa grandeur réelle par un retour sincère vers la politique de 1828, la seule politique capable de combattre l'influence russe;

De l'Empire ottoman, loyalement réduit à ses bornes naturelles, mais débarrassé des préoccupations de partage qui le troublent depuis tant d'années;

Des Roumains, des Magyars, des Polonais, devenus autant d'États libres, confédérés, noble et fière avant-garde de la civilisation, placée au poste d'honneur, au poste du péril, mais sentant derrière elle la grande armée des peuples qui la soutient;

De toutes les nationalités slaves constituées et confédérées.

Là serait, disent ces théoriciens, l'âme de l'Europe nouvelle; là le foyer de la vie future; là le principe d'une diplomatie qui aurait le courage d'embrasser la cause de la justice et de la liberté, et de rompre avec les vieux contrats, comme en 1789 la société française rompit avec le système des privilèges.

A ce prix seulement, l'idée profonde de la révolution française aurait germé dans nos mœurs, dans nos institutions, et ne serait plus menacée au dedans par la conspiration du dehors ; les derniers prestiges du moyen âge auraient disparu.

Je reprends ici la parole pour mon propre compte, et je me demande en quoi d'important, d'essentiellement divergent, l'idée du gouvernement démocratique telle que Napoléon l'entrevit dans les profondeurs de son génie s'écarte de cette théorie, sinon en ce qui touche les déviations utiles, indispensables que la pratique entraîne avec elle ?

Partout dans la démocratie telle que l'expérimenta Napoléon Ier, les intérêts sont consultés et exprimés par le pouvoir. Le conseil est partout dans cette vaste archie. Depuis l'humble conseil des prud'hommes jusqu'au conseil d'État, l'intérêt du peuple a ses organes.

Eh bien, à travers ce grand drame des victoires et conquêtes, cherchez la pensée de l'Empereur, et vous verrez que les grandes lignes de ce plan se retrouvent dans le dessin de sa politique extérieure. La campagne de Russie comme la campagne d'Égypte l'attestent. Il voulut débarrasser l'Europe centrale de la double étreinte de la Russie et de l'Angleterre. Il imagina la Confédération Germanique, fit de deux cent quatre-vingt-quatre petits États un corps politique de trente et un États confédérés. Il voulut, dans l'intérêt général, remanier la carte d'Europe. Quoique ses desseins fussent nettement arrêtés dans sa pensée, il plia son système aux circonstances.

En un mot, le caractère de sa politique fut essentiellement transitoire. S'il plaça sur divers trônes de l'Europe des membres de sa famille, ce fut moins dans l'intention de fonder des dynasties que dans le but de conserver sur ces peuples l'influence que lui assuraient ces liens de parenté avec le monarque. Les conquêtes n'eurent dans son esprit qu'un sens également provisoire. Sa conduite envers l'Espagne et l'Italie le prouvent. Ses annexions à l'empire ne devaient avoir d'autre durée que le temps de former des citoyens. Il se contentait pour la France de la ligne du Rhin.

La pensée de Napoléon est formulée dans cette simple phrase de l'Acte additionnel : « J'avais pour but d'organiser un grand système fédératif européen, que j'avais adopté comme conforme à l'esprit du siècle et favorable aux progrès de la civilisation. »

Mais Napoléon Ier n'eut jamais l'absurde et utopique idée de concevoir cette confédération européenne sur un plan gouvernemental uniforme. C'est en quoi son génie pratique le sépare absolument des conceptions aventureuses nées depuis une quinzaine d'années de la surexcitation des cerveaux en France. Les formes gouvernementales sont subordonnées à la condition et au caractère des peuples.

Il faudrait, pour qu'une forme prévalût exclusivement, que tous les peuples fussent de même race, eussent une même histoire, occupassent une position géographique analogue.

Cela n'est pas et ne saurait jamais être.

Un médiateur n'est pas un idéologue qui, du fond de son cabinet imaginant un système, ne tient aucun compte des résistances de la matière et de la condition de l'humanité, et crée *a priori* un système arbitraire. Or Napoléon Ier, dans l'idée de la confédération européenne, fut précisément ce médiateur armé, ce praticien qui vise au possible et non au parfait.

Nous allons le voir sous le même aspect dans la question religieuse.

VII.

Sous César, l'unité impériale est théocratique. De Charlemagne date la séparation des deux principes dans l'idée impériale. La dualité de l'Empereur et du Pape est née. Elle se prolongera jusqu'à Napoléon.

Dès que le retour d'une théocratie est devenu impossible et que la conscience des peuples n'en peut plus supporter le joug, il faut que les deux principes religieux et civil luttent jusqu'à l'extinction de l'un ou de l'autre, ou que tous deux trouvent leur pacte d'alliance.

Napoléon Ier, ne pouvant résumer en sa propre personne l'unité romaine, devra trouver ce pacte d'alliance ou laisser inachevé le concept de l'empire au dix-neuvième siècle.

La première phase de la Révolution est claire. Le principe religieux est terrassé, on ferme les églises, la chaire devient tribune de club, la nef magasin à fourrages, imprimerie, collége, écurie ou remise. Les cloches se taisent. La loi civile parle seule, et par le sentiment de cette justice tardive, de cette réparation qu'elle apporte, entraîne en quelque sorte Dieu avec elle, car Dieu, nous le répéterons toujours, est là où règne la justice. L'autel a disparu, mais tout sentiment religieux n'est pas mort. Ainsi s'explique le phénomène singulier de cette société sans culte apparent.

Le culte de la Révolution, c'est-à-dire du droit nouveau, de la justice réparatrice, suffit un moment à ces grands jours d'Auvergne de la souveraineté populaire.

Mais tout à l'heure il s'agira de reconstruire. Le règne de la philosophie s'achève. Celui de la politique recommence. Où trouver une société dépourvue de sanction religieuse ? Car on aura beau épiloguer tant que l'on voudra sur la liberté, sur la justice, sur la fatalité des symboles, le sentiment religieux existe. Qu'on lui donne le nom qu'on voudra, il est! Qu'il exprime le respect de l'humanité, ou la soumission à une volonté supérieure, inconnue, incomprise, inanalysable, qu'il se manifeste sous telle forme aujourd'hui, sous telle autre demain, selon le degré de nos lumières, selon la qualité de nos mœurs, il est!

Le moins clérical des philosophes, M. Proudhon, offre lui-même d'aller s'agenouiller aux pieds des autels, pourvu qu'on lui accorde neuf modifications au concordat.

Toute société est donc un concept religieux, politique et moral.

Un homme qui marchait à travers le sang vers le pouvoir en 1793, un homme incomplet, odieux sous mille rapports, mais pur de mœurs, probe, frappé d'une sorte de folie froide de la vertu républicaine telle que Rousseau l'avait entrevue dans les amertumes d'un orgueil solitaire et d'un tempérament exaspéré par la honte, Robespierre, le seul des chefs de groupes de ce temps d'anarchie qui eut une sorte d'instinct gouvernemental, comprit bien qu'une société sans idéal ne parviendrait jamais à sanctionner son principe d'autorité. Il imagina les fêtes de l'Être suprême, pensée qui ameuta contre lui tous les libertins, les scélérats, les roués et *les pourris* de son temps. Ces gens avaient compris la portée de cet acte. L'embryon du culte apparaissait dans une simple cérémonie publique. Le règne de la loi allait renaître.

On tua Robespierre. Il était venu trop tôt. Il manquait de génie et de virilité. Il ne connaissait pas les hommes. Il eut des aspirations supérieures à ses facultés. Son ambition dépassa ses forces, et il périt victime de l'audace froide et calculée de sa tentative. Mais il eut du moins son utilité. Il avait réveillé l'idéal, et l'âme du monde s'était émue. Ce qu'il avait fait, on ne pouvait plus le détruire. La Révolution ne pouvait pas plus qu'un fleuve remonter vers sa source.

La Révolution avait brisé le droit canonique;

Aboli la dime;

Vendu les biens du clergé;

Décrété le salariat des fonctions sacerdotales par l'État.

Mais, par cela même, entre l'Église et la Révolution un abime s'était creusé. Comment sortir de cette situation, qui, à défaut de la guerre des armées, créait en permanence la guerre des esprits? Qu'allait devenir la France, brandon de discorde parmi la famille européenne et portant dans son propre sein le foyer le plus intense de toutes les querelles humaines, celui des dissentiments religieux?

Déjà en 1682 cette France suspecte n'avait-elle pas miné le principe guelfe par cette déclaration fameuse qui, délivrant le monarque du joug spirituel de la papauté, créait l'Église gallicane avec ses libertés?

Mais de la déclaration de 1682 à la nuit du 4 août 1789, quelle immensité parcourue!

La situation de la France est bien dépeinte dans ces quelques lignes que nous empruntons à un écrivain célèbre :

« Le jour où le drapeau de la Révolution est arboré à Rome, l'envoyé de France Basseville est massacré par le peuple à la porte de l'ambassade. Un grand poëte italien s'empare de cet événement pour consacrer la première impression que l'Europe méridionale et catholique reçoit de la Révolution française. Monti compose, au point de vue de Rome, l'épopée de la Constituante et de la Convention; il imagine que l'âme de Basseville, arrachée de son corps, est condamnée à flotter à la surface de la France, dans les limbes de la Révolution, comme dans le vestibule de l'enfer. Un ange de vengeance, qui part du Vatican, l'accompagne; ces deux esprits, battus par la tempête, se montrent du doigt avec terreur l'horizon de la France. Ils le traversent; de cercle en cercle, ils arrivent à Paris, la *cité dolente*, la *sentine* du monde. Sur les nues, ils rencontrent l'âme sanglante de Louis XVI, qui monte au ciel, en même temps que les légions d'archanges en descendent et se précipitent sur la ville condamnée [1] ».

[1] Edgard Quinet, *le Christianisme et la Révolution française.*

M. de Maistre mit le comble à ces abominations. Pape, poëtes, publicistes, se déchaînaient à l'envi. L'Europe entière criait dans toutes les langues à la France : Au Jacobin! C'était pis qu'au temps de Philippe-Auguste. L'interdit du pape était complet. Toutes les religions se donnaient la main contre la Révolution. Le protestant Burke sonnait aussi bien la mort contre la France que Pacca ou Caprara.

Ce n'était donc pas seulement la Révolution qui, faute d'un médiateur, allait périr inutile, c'était la France isolée dans le désert de l'irréligion, et en quelque sorte expulsée de la famille européenne par les rois et les pontifes.

L'acte du 26 messidor an 9 fut la conséquence de cette nécessité. La gloire du premier consul est d'avoir compris cette situation et d'avoir renoué d'une main vigoureuse la Révolution à la vieille société, le passé à l'avenir.

Napoléon avait entrevu dans l'Orient la puissance du génie des religions. Déjà il avait dit aux curés de Milan qu'une société sans religion est comme un vaisseau sans boussole.

La France, séparée depuis dix ans du monde chrétien, rentra par le concordat dans le giron de l'Église.

L'alliance du catholicisme et de la Révolution était consommée; alliance fructueuse et non stérile, ainsi qu'on l'a prétendu, car il fallait, sans cette solennelle réconciliation, ou que la Révolution pérît faute de sanction religieuse, — et les peuples eussent été privés d'une conquête si chèrement achetée, — ou que l'Église, chassée du trône pontifical par les armées de la Révolution, persécutée, martyrisée comme au temps de Dioclétien, émigràt de l'Europe et laissât au monde politique un idéal de l'État semblable à ce que serait un corps sans âme, un ensemble d'organes dénué du principe vital.

Le concordat est donc peut-être, aux yeux de la philosophie de l'histoire, le plus grand acte politique de la vie de Napoléon Ier.

Les négociations qui s'ouvrirent à ce sujet sont caractéristiques. Vainement l'esprit de parti les défigure à plaisir. Un professeur illustre, aigri par les revers politiques de ses patrons, a jeté sur ce grand acte un jour tout à fait faux, selon nous[1]. M. de Chateaubriand n'a pas été sur ce point plus vraisemblable ni plus dépouillé d'aigreur et de partialité[2].

A notre sens, Napoléon ne fut alors ni si tyran ni si étroit politique qu'on l'a prétendu.

Il fut l'homme de la Révolution.

Son génie lui dictait sans doute cet acte supérieur. Eût-il conclu contre la Révolution, il l'eût accompli, car lui aussi connaissait la valeur d'un principe. Mais tout en obéissant à la raison suprême de

[1] *Souvenirs contemporains*, t. I, par M. Villemain.

[2] *Mémoires d'outre-tombe.*

l'homme d'État, il resta bien l'enfant de la république, le soldat citoyen de 1789. Enveloppé dans la dialectique subtile de l'Église, environné par des cardinaux rompus aux ressources de la diplomatie cléricale, il sut, d'un ferme bon sens, résister à toutes les attaques de la prudence et de la ruse. Il ne glissa pas sur la pente. Quand on le voulait pousser trop loin, d'un de ces coups de boutoir que n'eussent point désavoués la verve et le génie de Voltaire, il rejetait au loin l'ennemi. « Avez-vous conservé le don des miracles ? » dit-il à Caprara. « Vous voulez garder l'âme et me laisser le cadavre, » ajoute-t-il ailleurs.

Napoléon se souvenait du serment civique. Il l'exigeait des prêtres à qui leur qualité ne pouvait pas ôter celle de citoyens français et de sujets du royaume.

Alors commença entre Napoléon et Pie VII, entre l'Église et la Révolution, entre le principe guelfe et le principe gibelin, une guerre intestine qui, grâce à l'entêtement de Pie VII, ne se dénoua qu'au 23 janvier 1814.

Les malheurs de la patrie profitèrent aux doctrines ultramontaines. Napoléon, debout et victorieux, la France et la Révolution sacrées en lui, refoulant la coalition vaincue, il est permis de supposer qu'un concordat plus conforme aux aspirations du temps fût enfin sorti de cette lutte.

Que de sang, que de querelles passionnées eussent été épargnés à la France!

Chiaramonte n'eût pas fait refleurir, en plein soleil du dix-neuvième siècle, Loyola, ses doctrines et ses disciples.

Et nous n'aurions pas pendant trente années subi l'ennui des déclamations du libéralisme sous toutes ses formes classiques et romantiques.

VIII.

L'affaire du concordat soulevait une des plus hautes questions politiques que puisse aborder l'esprit humain. Je veux parler de la question de l'Église et de l'État, si controversée, si agitée parmi l'élite des penseurs de l'Europe depuis une soixantaine d'années.

Dans ce grave débat la parole de Napoléon fut admirable de clarté, de solidité. Il fut politique et non idéologue et casuiste.

L'histoire, telle que l'ont écrite les écrivains dévoués à la cause de la démocratie, n'est pas juste ici envers Napoléon Ier. Elle le représente comme un sceptique jouant avec les symboles dans un intérêt privé. Elle affecte de ne le considérer au total que comme un vassal de l'Église. Vainement au sacre, à Notre-Dame, a-t-il pris de sa main sa couronne conquise et placé cette couronne sur sa tête, on ne veut voir dans ce fait significatif qu'un moyen évasif de se soustraire au joug sacerdotal. Ces sophistes le regardent dès lors comme un homme fasciné par l'éclat de son propre triomphe. On lui reproche de rester l'homme de la légende impériale, de songer à Charlemagne, de voir dans ses compagnons d'armes les douze pairs de la Table-Ronde. On lui reproche d'avoir à la fois été consul romain et empereur féodal, d'avoir mêlé l'idéal catholique à l'idéal polythéiste.

Pour moi, j'y vois la Révolution deux fois trempée au baptême de la tradition humaine. J'y vois la marque de ce génie pratique qui, sans s'égarer dans l'exégèse comme les rêveurs de la Convention, sans se perdre dans de vains tâtonnements philosophiques et religieux à la manière des apôtres de l'*Être suprême*, va droit au fait positif.

L'étude de l'histoire, l'expérience, le bon sens lui indiquent la route qu'il doit suivre pour conduire la Révolution sur cet océan plein d'écueils au port qui doit l'abriter. Il sait qu'on ne crée pas, qu'on n'invente pas les religions, et que ce serait une folle tentative d'aborder une pareille entreprise. Le christianisme, préparé par Platon et Socrate, et plus tard à Rome par les stoïciens, lui enseigne assez que les religions ne sont pas des productions spontanées du génie humain.

Patriote, il sait, d'autre part, que de tous les liens sociaux le plus intime et le plus fort est le lien religieux, dont le seul nom indique l'idée qui relie l'homme à l'homme. Il sait qu'à briser ce lien dans la personne de la religion existante, on risque de briser la nation elle-même et de voir ses membres disjoints s'éparpiller sur la terre de l'esclavage, de l'exil, de l'impersonnalité, comme ces peuples de l'Inde qui, brisés par les révolutions religieuses, errèrent sans jamais retrouver un nom et une patrie.

Mais cette nécessité de conserver la religion existante et d'en relever les autels étant admise, il s'agissait de sauver la personne de l'État des prétentions de l'ancienne Église, d'assurer ses conquêtes affermies par la Révolution. Il fallait en un mot réconcilier l'Église avec la Révolution, et non pas effacer la Révolution au profit de l'Église.

A notre sens, la conduite de Napoléon Ier dans cette situation délicate fut ferme, loyale, patriotique, et digne d'un homme d'État dans la plus haute acception que le génie puisse donner à ce mot.

Dans la pensée de tout homme de sens, l'idée de l'État se déduit d'une façon claire, simple et unitaire. Une agrégation d'individus étant donnée, ses principaux organes militaires, judiciaires, administratifs, etc., se forment. Que sera la religion dans ce corps social, ou plutôt dans cette personne de l'État? Un des principaux organes qui constituent son être et lui donnent le mouvement et la vie, rien de moins, mais aussi rien de plus.

Ici l'idéal catholique proteste. Ici l'Église du moyen âge se lève et dit : C'est moi qui suis la mère des nations, le soutien des trônes.

Napoléon, chevalier de la Révolution, relève le gant et accepte le combat. Il punit ce pape des anciens jours. Il subit l'excommunication. Napoléon ira jusqu'au bout, jusqu'au martyre de Sainte-Hélène, pour sauver ce grand principe civil né de la Révolution et qui assure la suprématie de l'État qui est tout, parce qu'il embrasse tout, et que tout en lui trouve sa raison d'être et sa vie suffisante.

Il enferme Chiaramonte à Fontainebleau, et la main sur ce code civil que repousse la papauté, il dit : Ceci vivra. Or comme en ce code imparfait sans doute gît pourtant la plus haute pensée de justice que l'humanité ait conçue jusqu'alors, là est le véritable esprit de l'Église des chrétiens du dix-neuvième siècle. L'homme qu'il retient dans son palais n'est plus qu'un imposteur. Pendant cet intérim de la papauté, le vrai pape c'est Napoléon, pape de la Révolution c'est vrai, pape extra-religieux sans doute, mais bien vicaire de Dieu, puisque Dieu est encore une fois là où règne la justice, et que le code civil des Français en était la plus haute expression connue.

Ce qu'il y a d'étrange dans ces critiques dirigées contre Napoléon Ier, ce qui frappe surtout en songeant qu'elles émanent d'écrivains dévoués à la Révolution, c'est que la conduite du parti qu'ils représentent fut tout à fait en désaccord avec ces reproches si mal fondés.

En 1848, la première pensée des républicains est de faire bénir les arbres de la liberté par les ministres du culte catholique. Le général Cavaignac, dictateur de cette seconde République française, envoie une armée au secours de Pie IX, dépossédé par la République romaine du trône pontifical.

Plus logique et plus courageux, plus ferme dans les grands principes de la Révolution, Napoléon Ier tient tête au pape, et tout en relevant les autels ne souffre pas que l'arche sainte du dix-neuvième siècle soit anéantie. L'Église respectera le code, et ne dominera point la personne de l'État.

Napoléon III, en restaurant le trône pontifical à Rome, resta dans la tradition impériale, qui consiste à protéger la religion existante sans laisser l'Église faire échec à l'État.

Mais les petits-fils de la Gironde pouvaient-ils, en dirigeant au profit de la papauté les armées de la République française contre les défenseurs de la République romaine, invoquer rien de semblable?

IX.

On a dit de Napoléon qu'il avait licencié les partis.

Telle fut en effet l'influence de cet homme extraordinaire sur l'esprit des peuples qu'il gouverna, que non-seulement l'hostilité des classes disparut sous son règne, mais encore les factions elles-mêmes se virent réduites à l'impuissance. L'incarnation de la patrie fut si complète dans la personne de Napoléon Ier, qu'il devint sacré pour quiconque aimait la France. Les factions, voyant le terrain leur manquer sous les pieds, furent réduites à rejeter leurs espérances sur la coalition. Elles devenaient ainsi quelque chose de pire que des factions. Acculées dans le crime, dans la conspiration avec l'étranger, obligées de spéculer sur les malheurs de la patrie, elles achevèrent de perdre ce reste de sympathie qui s'attache encore aux partis vaincus. Le respect des foules s'éloigna d'elles. La loi put les frapper avec rigueur lorsqu'elle dut les atteindre, sans soulever dans la conscience publique l'ombre d'un sentiment de réprobation.

Napoléon Ier opéra ce miracle par deux moyens : l'épuration, le ralliement des consciences et des intérêts.

Les grands caractères exercent un ascendant naturel qui ne tarde pas à porter au sommet de la hiérarchie l'homme que la Providence a doué de cette faculté privilégiée. Ceci est une des lois psychologiques dont la puissance domine aussi sûrement les affaires humaines que les lois de la nature dominent et régissent la matière.

Les grands actes frappent l'imagination des foules. Un instinct secret attire le regard des laboureurs et des pâtres quand à l'horizon paraît, dans l'éclat de sa gloire, le disque du soleil levant. Comme le soleil, les actes éclatants répandent sur les peuples une éblouissante lumière.

La conscience écoute et pèse, l'imagination contemple et admire, l'autorité s'incarne. Et bientôt les intérêts, frappés de cette double manifestation de la puissance et de la capacité, entrevoient la garantie. Le miracle du commandement est accompli.

Quiconque assista aux préparatifs du coup d'État de fructidor, ou s'y reporte par la projection de la pensée, peut suivre dans ses phases l'accomplissement de ce phénomène. Les factions étaient alors très-nombreuses, comme elles le sont invariablement aux époques d'épuisement des périodes parlementaires.

Mais toutes, à quelque nuance qu'elles appartiennent, se tournent vers Napoléon. Comme au 13 vendémiaire, le médiateur, c'est lui.

Quand l'assassinat menace ses jours, comme dans l'affaire de la machine infernale et dans celle de Georges Cadoudal, on sent que l'âme de la France est absente de ces complots. La main de l'étranger en a tissé la trame.

Quant au système d'épuration dont le gouvernement impérial fit l'application aux partis, il ne revêtit jamais, au milieu de ses plus grandes sévérités, le caractère prévôtal des mesures du Directoire et du comité de salut public. Napoléon était assez fort pour punir, trop grand pour persécuter.

Quiconque a observé de près les factions sait que pour les réduire à l'impuissance il suffit de leur ôter leurs chefs. Il suffit de quelques hommes d'imagination et d'esprit, de quelques centaines de fanatiques dévoués ou d'intrigants subalternes pour remuer des masses d'hommes qui, sans cela, ne songeraient point à l'agitation. Tout gouvernement résolu qui fera taire l'excitation et pratiquera une épuration sérieuse dans les grands centres, aura, sans persécutions inutiles et odieuses résolu le problème de l'ordre. Pour conquérir toutes les chances de durée, ce gouvernement n'aura qu'à déployer une paternité égale à sa fermeté, à pousser avec vigueur les institutions utiles, et à frapper de temps en temps l'imagination des foules par des actes marqués au coin de la grandeur, de la noblesse, de la justice ou de la force.

Au milieu des complications incessantes de la guerre, Napoléon Ier, aussi profond politique que grand capitaine, trouva le moyen de licencier les partis par une épuration rigoureuse et sage en même temps que par le prestige de la victoire.

Mais, ne l'oublions pas, ce qui surtout, et plus efficacement peut-être que sa prudence et sa grandeur, consomma l'œuvre de cette pacification des esprits, c'est qu'il sut par ses armées, par les grandes institutions que son génie enfanta, par la hiérarchie qu'il organisa, ouvrir des voies à l'activité de toutes les intelligences, de toutes les aptitudes, de toutes les ambitions légitimes.

Les raisonneurs, les utopistes, les rêveurs, les mauvais citoyens, les gens sans patriotisme, sans amour du travail, purent seuls se trouver à l'écart et en état d'hostilité dans ce grand classement du peuple français.

Mais tout ce qui voulut entrer dans la vigne et mettre la main à l'œuvre commune, trouva encouragement, appui et sécurité.

Le royaliste Bonald et le républicain David, offrant, l'un sa plume, l'autre son pinceau à Bonaparte l'Italique, personnifient ce ralliement des partis à la puissance du génie et du principe d'autorité.

X.

Waterloo et le rocher de Sainte-Hélène ferment cette étonnante période de l'histoire de la France. La perfidie anglaise a été, dans sa haine, l'aveugle instrument d'une destinée supérieure. Elle a clos par la magnificence d'une infortune sans égale la vaste charpente de cette épopée providentielle. Elle a placé le chant suprême de la solitude à la fin du poëme de ce cosmopolite qui enchaînait à ses pas des bandes innombrables, et marcha toujours dans le bruit des armes et le tumulte humain des foules. La Révolution avait déchiré les âmes et laissé son souvenir en traits de sang dans la mémoire des hommes. Napoléon Ier a réalisé les deux points extrêmes du pathétique : il a jeté dans l'imagination des Français je ne sais quel héroïque orgueil qui fait la force de nos bataillons, et il a attendri les cœurs mieux qu'une femme ne le pourrait faire.

Dans l'ordre psychologique, il a légué pour plusieurs siècles à la France deux qualités inouïes, deux reflets merveilleux, que l'aspect de sa terrible et douloureuse existence projette éternellement sur les générations futures de ce noble pays : l'héroïsme et la compassion.

Regardez passer les vieillards qui traversèrent cette époque, voyez ces compagnons de Christophe Colomb, ces voyageurs de l'odyssée napoléonienne, échappés aux périls des batailles, aux glaces de la Russie, aux morsures du soleil d'Afrique, à la mitraille, à la faim, à la peste. Sous quelque habit qu'ils s'offrent à nos yeux, habit du pauvre, habit du riche, ils sont reconnaissables, ces soldats-pèlerins de la Révolution. Le temps a blanchi leurs cheveux, et l'on voit qu'ils ont marqué l'empreinte de leurs glorieuses semelles sur de vastes étendues. Leur tête penchée médite sur de grands souvenirs. Leurs yeux baissés regardent dans le passé, et sur leur noble front il semble qu'on entrevoit un rayon perdu de la gloire et du patriotisme du martyre qui éclaira leur marche.

Un principe, un code, des institutions, une épopée, c'est-à-dire une société complète sous son double aspect scientifique et poétique, tel est le résultat de la vie de Napoléon Ier. Il a laissé en France, en Europe, quelque chose d'un dieu qui aurait passé, marquant son vol à travers l'humanité d'une traînée lumineuse qui brillera pendant l'espace d'une civilisation.

Dans deux mille ans d'ici, ce dieu, cet homme, aura un nom défiguré peut-être par la science académique future. Plus tard il deviendra symbole. Le prolétaire du dix-neuvième siècle, dans la présente trivialité de son langage, l'appelle, aux veillées du camp, le *petit caporal*.

« Pour ces hommes-multitude, Napoléon, c'est le *petit caporal*, le *petit tondu*. Il est petit, parce qu'il est de la foule; il est caporal, parce qu'il est peuple et soldat. Regardez son cou dans les épaules, sa poitrine bombée, il a l'air, cet empereur, de porter sur le dos le sac du fantassin. Mais sous son humble habit il cache une puissance illimitée, celle du nombre et du génie. Il est immortel. Il apparaît la nuit aux sentinelles endormies. Il passe comme un fantôme dans l'ombre des avant-postes, car il est la première et impérissable sentinelle de l'honneur français[1]. »

Un jour son nom, comme les noms de Brahma, de Moïse et des grands législateurs du monde antique, sera à la fois une religion, une doctrine, une phase de l'histoire de l'humanité.

XI.

Quand Napoléon eut vécu, comme le semeur dans le champ, il laissa aux sillons le grain de l'avenir. Ces semences, qui restèrent dans le cœur et dans l'imagination des Français, éclatèrent en une

[1] *Portraits politiques au dix neuvième siècle*, par Hippolyte Castille.

riche floraison à la vingtième année de toutes les générations qui, depuis 1815, ont surgi sur le sol de la patrie.

Le saule de Sainte-Hélène, le retour des cendres, la colonne Vendôme, peuplèrent et animèrent longtemps ces souvenirs précurseurs d'une régénération que le patriotisme le plus ardent eût à peine osé espérer. Dans une notice déjà citée, nous avons essayé d'en formuler de la manière suivante lanaïve expression :

« Vous souvenez-vous de ces temps de la chevalerie où l'homme de l'Orient et l'homme de l'Occident, par ce mystère de rapprochement qui gît au fond du génie des religions, se ruèrent à l'union sanglante du combat avant de s'unir par l'intérêt commun? L'humanité s'acheminait alors vers le tombeau du Christ. Elle y venait chercher le viatique et le relien des peuples. Le chevalier, le pèlerin, le mendiant, retournant dans la patrie, rapportaient au logis un morceau de la vraie croix. Le fragment de la vraie croix fut pendant des siècles la plus chère relique des manoirs et des chaumières. Son signe fut, d'un bout à l'autre du globe, le signe du ralliement entre les frères. Par le signe de la croix les capitaines vainquirent et les égarés se reconnurent.

» Quelque chose d'analogue s'est, en ce puissant siècle, passé sur la tombe d'un héros.

« Dans une vallée étroite appelée la vallée de

» *Slane* ou du *Géranium*, maintenant du *Tombeau*, » coule une source; les domestiques chinois de Na- » poléon, fidèles comme le Javanais de Camoëns, » avaient accoutumé d'y remplir leurs amphores : » deux saules pleureurs pendent sur la fontaine, » une herbe fraîche, parsemée de *tchampas*, croît » autour. Le tchampas, malgré son éclat et son par- » fum, n'est pas une plante qu'on recherche, » parce qu'elle fleurit sur les tombeaux, » disent les poésies sanscrites. « Dans les déclivités des » roches déboisées, végètent mal des citronniers » amers, des cocotiers porte-noix, des mélèzes et » des conises dont on recueille la gomme attachée à » la barbe des chèvres.

» Bonaparte se plaisait aux saules de la fontaine, » il demandait la paix à la vallée de Slane, comme » Dante, banni, demandait la paix au cloître de » Corvo. En reconnaissance du repos passager qu'il » y goûta les derniers jours de sa vie, il indiqua » cette vallée pour son repos éternel. Il disait, en » parlant de la source : « Si Dieu voulait que je me » rétablisse, j'élèverais un monument dans le lieu » où elle jaillit. » Ce monument fut son tombeau. » Du temps de Plutarque, dans un endroit consacré » aux nymphes, aux bords du Strymon, on voit » encore un siége de pierre sur lequel s'était assis » Alexandre[1]. »

[1] Chateaubriand, *Mémoires d'outre-tombe*.

» C'est en effet dans cette vallée solitaire que Napoléon, enveloppé dans le manteau de Marengo, fut étendu sous une simple pierre.

» Tant que la victime avait respiré, l'Angleterre, qui portera durant l'éternité la honte de cette trahison et de cette captivité, avait écarté les navires des rochers maudits de Sainte-Hélène. Quand le héros n'exista plus, l'île s'ouvrit aux voyageurs des cinq parties du monde.

» Un des saules tomba, parcelle par parcelle, sous la main des visiteurs. En un siècle, ils eussent abattu une forêt. Le saule qui restait encore le jour où la France reprit la dépouille de celui qui porta si haut sa gloire s'inclinait chétif sur les trois pierres et la grille du tombeau. Des glaïeuls et des cyprès croissaient au bord de la source. Aux environs, le triste paysage de Sainte-Hélène, avec ses bruyères et ses gommiers sauvages, s'étendait cerné de rochers. Le bleu sombre de la mer apparaissait dans les échancrures.

» Autour du saule et de la pierre funèbre, le silence de l'immensité!....

» Nous l'avons tous vu dans la mélancolie de notre imagination, ce saule dont la chevelure ombrageait la tombe de Napoléon. Et, comme l'imagination isole tout ce qui la charme ou la captive, de l'île entière, de ses habitations, de ses forts, de ses propres jardins, il ne restait bientôt plus sous le soleil du tropique, au milieu de l'Océan bleu, qu'un rocher escarpé, un arbre, et sous cet arbre une simple pierre. Voilà ce que les jeunes hommes, les vieillards et les femmes, dans les palais et les chaumières, ont entrevu parmi leurs rêves.

» Alors s'est accompli vers cette tombe solitaire, baignée de l'Océan, le nouveau pèlerinage de l'humanité. Le grand nombre ne s'y rendit qu'en esprit, mais petits et grands y volèrent et se reposèrent à l'ombre du saule. D'autres y allèrent corporellement. On s'y rendit de tous les points du globe. Tout navire qui traversait ces mers marquées par la destinée venait mouiller au pied du rocher. Tout homme, quelles que fussent sa nation et sa langue, gravit le rocher et vint, la tête inclinée, contempler la tombe de celui dont la mémoire remplissait encore la terre. Hommage admirable rendu au grand cœur de la France et à l'homme qui la personnifia!

» Alors, comme les chevaliers et les pèlerins de la Palestine au pied de la vraie croix, ces voyageurs détachaient du saule une feuille, une simple feuille, qu'ils emportaient dans la patrie. A leur retour, ces pèlerins de la Révolution montraient la feuille sacrée. Fixée aux pages d'un album ou sous le verre d'un cadre, elle devenait une relique de famille. Et ceux qui avaient répandu leur sang sur les champs de bataille, ceux qui avaient aimé leur patrie et gémi sur ses malheurs, ceux qui avaient eu foi dans la démocratie et la Révolution, se reconnaissaient frères devant ce signe. Ils se prenaient la main, et, l'œil tourné vers le ciel, ils disaient : « Qui donc vengera la France et la Révolution? »

. . . .

» C'était au temps de la belle jeunesse, à l'époque où l'esprit, dégagé des vagues rêveries de l'adolescence, s'ouvre plein d'ardeur et de générosité aux nobles choses de la vie. Et, quand on vint nous dire, à nous autres qui sortions des bancs : « Voici venir les cendres de Napoléon! » nos cœurs bondirent d'un sourd enthousiasme. Ceux d'entre nous dont le père était mort sur les champs de bataille, ou victime des honteuses représailles de la Restauration, éprouvèrent une joie secrète et religieuse! Ce fut comme un commencement de réparation. Nous n'étions alors ni des poëtes, ni de grands politiques. Nous ne dîmes pas, comme les poëtes, qu'on avait tort d'ôter Napoléon à Sainte-Hélène. Nous ne calculâmes point, comme les politiques, ce que ce retour pouvait engendrer parmi les causes secrètes qui précipitèrent les trônes et les républiques. Nous fûmes, sans y songer, par la sainte naïveté de nos instincts de jeunes hommes, dans le vrai sentiment national. Et si nous éprouvâmes un regret, c'est qu'un suprême combat n'eût pas été livré sur cette tombe d'Achille, et que les cendres de Napoléon n'eussent pas été le prix d'une victoire qui eût marqué les vastes funérailles des ennemis de la France.

» Paris entier était là, de l'Arc de l'Étoile à la place de la Révolution, aux Champs-Élysées, sur les quais, quand glissa sur l'eau un noir bateau chargé d'un catafalque. C'était la dépouille de Napoléon qui rentrait dans Paris, devant un peuple entier, debout. « Chaque heure me dépouille de ma » peau de tyran, avait-il dit à Sainte-Hélène ; ma » mémoire gagnera tous les jours. »

» Ah ! nous ne nous souvenions guère, en effet, à cette heure, de la procédure que l'histoire accole au dossier de toute illustre existence !

» M. de Pradt avait dit, en manière d'insulte, à propos de Napoléon, son maître : « C'était l'homme » des deux extrêmes, l'homme qui, ayant com- » mandé aux Alpes de s'abaisser, au Simplon de » s'aplanir, à la mer de s'approcher ou de s'éloi- » gner de ses rivages, a fini par se livrer lui-même » à une croisière anglaise. » Il n'y a qu'un mot pour caractériser ce reproche, c'est une pensée canaille. En se confiant à la loyauté de son ennemi victorieux, Napoléon donna la plus complète mesure de sa grandeur.

» Le peuple oublie bien vite ces railleries et ces injustices. Qui donc songeait à M. de Pradt et à ses pareils en ce moment ?

» On vit par un froid polaire, et qui rappelait le terrible froid de la campagne de Russie, le peuple le plus impatient de la terre attendre religieusement, durant cinq à six heures, qu'une bière recouverte d'un drap noir passât devant ses yeux.

» Et quand passa le char funèbre qui portait Napoléon, un frisson, qui n'était pas causé par le froid, parcourut nos membres; une larmes vint à nos yeux, et nous regardâmes, dans un silence dont rien n'exprimerait les émotions, passer ce peu de poussière qui avait fait trembler le monde. . . .

. . . .

. . . .

» Parmi les galeries du Louvre, à côté de ces catacombes de l'art où sont entassées tant de merveilles qui font encore aujourd'hui les plus douces gloires et les plus pures délices de l'humanité, il est une galerie étrange, funèbre, à laquelle on a donné le nom de *Galerie des Souverains*. Quelques armures immobiles, et sous lesquelles battirent des cœurs de rois, se dressent derrière une vitrine, comme le squelette d'une monarchie chevaleresque, d'une époque belliqueuse à jamais disparue. Une vaste salle s'ouvre ensuite, où, pareils à de grands papillons conservés dans du camphre, s'étalent tous les manteaux royaux imaginables, depuis Louis XIII jusqu'à Charles X. C'est en quelque sorte le vestiaire où les rois, avant d'entrer dans l'égalité de la tombe, viennent déposer les insignes de leur grandeur.

» Jamais homme de quelque forte pensée ne traversera cette friperie de la royauté sans éprouver à la fois la mélancolie qu'inspirent les ruines et les tombeaux, et le dédain philosophique du citoyen des temps modernes. Quelle ironie suprême de la souveraineté personnelle présida à cette idée de rassembler ces vieux galons de la royauté! Combien ils pendent tristes, mornes, affaissés, ces habits de cour, dont le seul aspect pénétrait de crainte et d'espoir les courtisans inclinés! Quels reflets lugubres dans ces paillettes! Qui donc, se demande avec étonnement le noir promeneur, osa porter ces vêtements étranges? Et songeant que des rois se couvrirent de ces oripeaux, il s'éloigne étourdi, prêt à humilier sa raison devant le mystère de barbarie que recèlent les civilisations les plus sûres d'elles-mêmes.

» Mais s'il est parmi ces guenilles de soie quelque chose de plus décevant que le reste, de plus capable d'humilier notre orgueil national dans sa plus haute personnification ; s'il est un objet capable de glacer le plus fervent enthousiasme, de donner une apparence de raison au paradoxe de M. de Pradt : *Jupiter Scapin*, c'est un vieux petit habit de soie blanche et or, étriqué, galonné, et dont pourrait se vêtir le comédien; l'habit pend à son clou; il ne tient pas beaucoup de place; il est triste comme s'il avait paré l'échine desséchée d'un marquis de Coblentz. Un saltimbanque, un maître de danse, un perruquier de l'ancien régime endossèrent-ils cette souquenille de gala?

» Non : ceci couvrit la poitrine de César; ceci fut l'habit de Napoléon... O misère des cours! O néant des grandeurs humaines! O vanité des splendeurs officielles!

» Mais il est dans Paris, au milieu d'une place simple, vaste, parce qu'elle est conçue dans les proportions du vrai, un monument qui plane sur l'Europe entière; c'est une simple colonne, surmontée d'une statue comme les colonnes stylites ou les pures doriques de la Grèce et de Rome. Un poëme de batailles, devant lequel pâliraient les récits de César, s'enroule de la base au sommet en une immortelle spirale. Au bout de la spirale un homme, ou plutôt l'image d'un homme, se tient debout; à ses pieds gisent des boulets : c'est Napoléon. Et savez-vous ce qui fait grande la statue de cet homme? C'est qu'au lieu du manteau fleurdelisé dont s'enveloppait la royauté de Louis XIV, le Napoléon de la place Vendôme est vêtu de la redingote du citoyen; c'est qu'au lieu de la couronne de Charlemagne, il porte sur la tête le chapeau de la Révolution.

» Jamais, parmi les anciens et les modernes,

une pensée plus forte ne s'exprima sous une forme plus saisissante et plus complète.

» Mais, ce que nul art ne peut atteindre, cette colonne est de bronze, ce bronze est fait des canons pris à l'ennemi! Et la colonne elle-même, qu'est-ce autre chose qu'un grand canon planté debout?

» Ah! canon de la Révolution, canon de la France, qui résonna de l'orient à l'occident, sois béni! Dans tes flancs profonds tu portais l'idée nouvelle!

» Passant attardé, arrêtez-vous un instant dans le silence, la solitude et la majesté de la nuit, au pied de cette colonne. Écoutez! de ce canon colossal dont la gueule vomit un empereur, perdu, comme dans une apothéose, parmi les nuages et les étoiles, n'entendez-vous pas sortir des voix confuses? elles murmurent les noms sacrés d'honneur, de patrie, de gloire nationale!

» En regardant ce simple monument, en contemplant cette idée debout, écrite en métal, en songeant combien est accomplie, parfaite, l'expression de cette idée, on sent vaguement que jamais, sans raison, les conceptions humaines n'atteignent à ce degré de perfection. Il y a là, dans l'idée, dans la forme, jusque dans la matière, devenue inséparable de l'idée elle-même qui présida à la confection de ce monument, je ne sais quoi d'achevé qui dépasse les combinaisons de l'art.

» La légende napoléonienne est complète, et l'on comprend qu'elle domine encore le monde. . . .

. . . .

. . . .

» La pierre s'égrène aux morsures du vent, le marbre s'use à la pluie, au soleil, et les bas-reliefs du Parthénon n'offrent plus que l'esquisse fruste et effacée de ces œuvres dans lesquelles apparaît le vaste génie du sculpteur antique. Le bronze lui-même, les vestiges de l'Égypte l'attestent, le bronze ne résiste pas éternellement à l'action lente et sûre des siècles et de leurs cataclysmes.

» Mais, si le papyrus sur lequel Homère traçait des poëmes divins a survécu, il est, depuis quelques centaines d'années à peine, un fragile récipient qui, mieux que le marbre, le bronze ou l'écorce, conserve dans toute sa pureté le dépôt de la pensée humaine : c'est l'imprimerie! l'imprimerie, dont les produits éphémères sont indestructibles, parce qu'ils se reproduisent sans cesse, sans peine et à légers frais.

» Le livre! voilà le vrai monument éternel! voilà le vrai monument de l'avenir!

» Que sont devenus la plupart des monuments qui racontaient aux peuples latins la gloire de César? Combien entre-t-il de grains de sable jadis pétris par les artistes de l'antiquité à l'honneur des héros et des princes dans la campagne de Rome?

» Et pourtant les *Commentaires de César* vivent encore et les petits enfants dans les écoles du monde moderne déchiffrent toujours cette immortelle chronique accomplie et racontée par un grand homme!

» Ce que nous laissons le plus longtemps derrière nous sur ce globe où s'accomplit le drame de ce héros collectif qu'on nomme l'humanité, c'est une idée. Comme Selkirk, le matelot dans une île déserte, l'humanité s'approprie la nature et la soumet par son génie à son usage.

» Mais, des chefs-d'œuvre qui tomberont des mains de l'hôte illustre de cette île de verdure perdue dans l'immensité, si quelque chose devait trouver grâce devant Dieu, ce serait la pensée de cet hôte.

» Allez voir l'image de la mort aux frontons du Parthénon : c'est un homme assis qui tend son pied à l'esclave qui lace ses caliges. Cest un cavalier debout, le front serein, la main sur la crinière de son cheval. Nulle douleur n'altère la majesté paisible de celui qui va partir. Le cheval pleure, un chien pleure là-bas. Eux seuls expriment la douleur terrestre; mais l'homme ne pleure pas!

» L'humanité des grands jours de la Grèce sait déjà qu'elle ne meurt pas encore, puisqu'elle laisse derrière elle une pensée.

» L'État, en recueillant les lettres de Napoléon, a conservé mieux que le marbre et le bronze les traits du héros décédé. En conservant la pensée de Napoléon, il lui a élevé le monument le plus digne de celui qui fut le plus grand parmi les contemporains du XIXe siècle, la plus grande figure poétique peut-être parmi les mortels. »

Telles furent, selon nous, les impressions passées, telles sont les impressions présentes qu'évoque le souvenir de Napoléon Ier. Elles exercèrent une action considérable et occulte sur le peuple français. Individuelles et collectives à la fois, elles cheminèrent, sans bruit, avec la tradition orale et la pensée intime, autant qu'avec le livre. Les pouvoirs constitués ne purent en évaluer la puissance, de sorte qu'elle se révéla soudainement dans la confession anonyme du scrutin.

Ces sentiments du peuple français furent, entre la seconde république et le second empire, le moyen transitoire que peu de gens soupçonnaient. Les théoriciens de l'avenir croyaient marcher à la démocratie; ils y marchaient en effet, mais non par les voies des républiques grecques, romaines, italiennes, bataves ou américaines. Ils y marchaient par l'empire. Empire et démocratie, tel est en France, tel fut à Rome au temps de César, le sens réel de la légende impériale.

Nous en retrouverons le signe caractéristique sous le régime actuel; ce qui ressortira, on l'espère, des conclusions suivantes.

CONCLUSION.

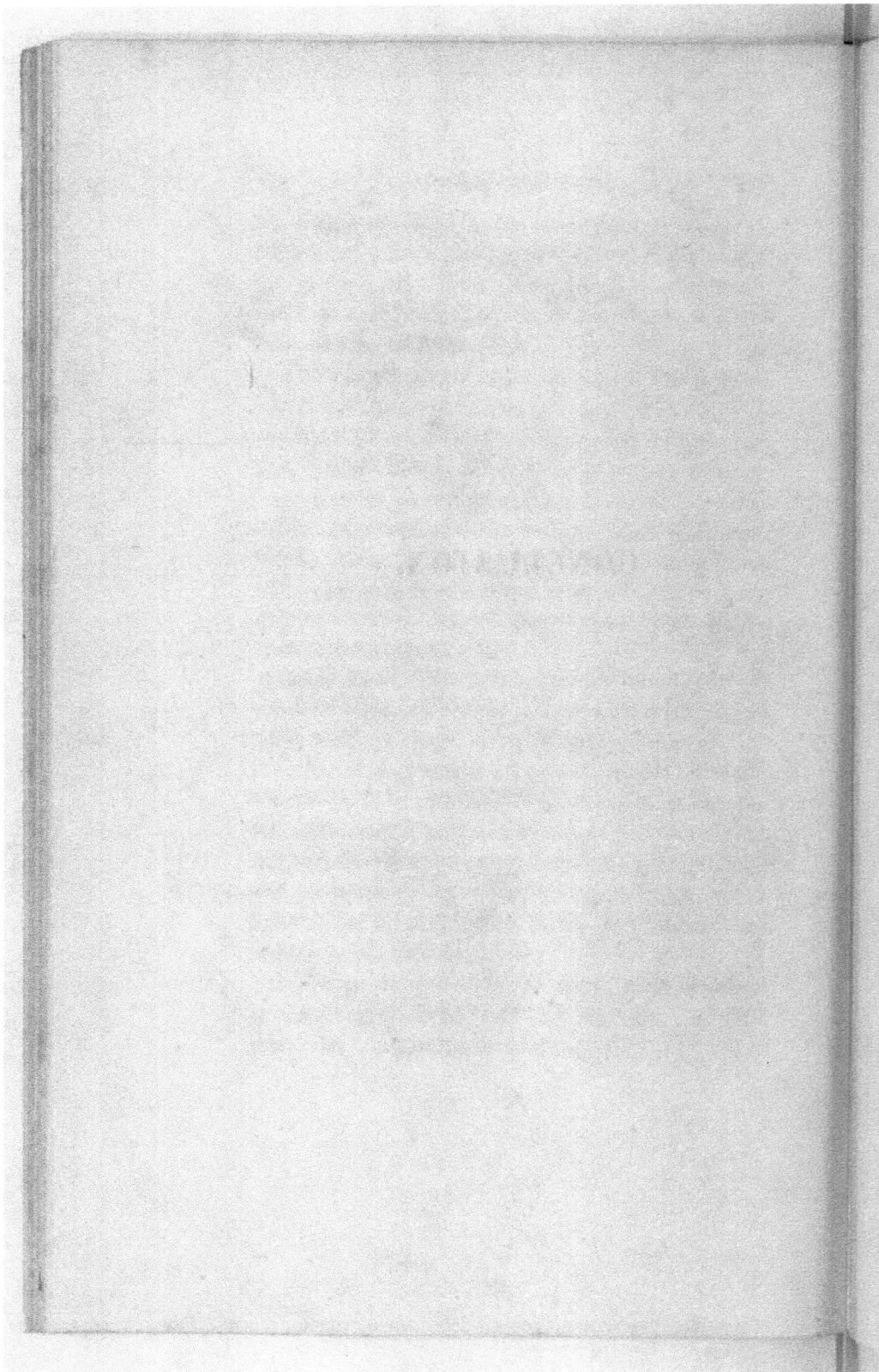

LES DEUX PRINCIPES.

I.

Douze fois en soixante ans la France a changé de gouvernement. On n'a vu généralement dans ce fait qu'une marque de la mobilité des Français. Nous y voyons quelque chose de plus digne d'attention. Le voici :

L'épuisement du principe sur lequel reposait l'ancienne société française, l'impuissance des anciens moyens de gouvernement, la révolution profonde qui vint à la suite de ces deux causes premières, ont nécessité la recherche d'un principe nouveau et d'une constitution nouvelle de l'État.

Divers malentendus se sont alors produits et ont engendré les tâtonnements auxquels nous assistons, et qui sont le plus grand malheur de ce noble pays.

Ces malentendus portèrent d'abord, et comme de raison, sur le principe qui devait servir de base à l'édifice de l'État dans la société moderne, aux institutions qui forment ses organes.

La première période de ces tâtonnements eut lieu sous l'empire du principe libéral qui domina exclusivement de 1789 à 1792. La liberté n'apparaissait alors que sous l'aspect bienfaisant d'une intervention sublime, qui rendait au peuple sa souveraineté, au travailleur ses droits, au paysan le sol.

La querelle ne roula donc que sur les diverses manières d'interpréter le régime libéral. Les uns le voulurent illimité, les autres avec des réserves. Par suite de ces divergences, les uns voulaient une république, mais une république sans esclaves et sans aristocratie, gouvernée par une seule chambre, des comités, des ministres. Les adversaires de ce système voulaient au contraire établir le gouvernement parlementaire sous forme monarchique et avec deux chambres, à l'instar du gouvernement anglais.

Cette dernière faction, qui mit beaucoup de persistance et de persévérance dans ses desseins, s'empara peu à peu de l'esprit des classes moyennes. Elle fut pourtant vaincue sur le terrain de la révolution et ajourna ses espérances. Mais, soit au dedans, soit au dehors, elle continua de se préparer l'avenir.

En 1793, au milieu de la terreur, quelques hommes du comité de salut public parlèrent de *l'ajournement de la liberté* jusqu'après la guerre. Ils imaginèrent, à défaut de l'ancien culte, de rendre au moins dans une cérémonie publique une sorte d'hommage à l'Être suprême. Ils indiquaient ainsi aux âmes troublées que l'idée de Dieu vivait encore dans la conscience de l'État.

Dès lors on commença à comprendre que la liberté pouvait bien n'être pas la raison suffisante du gouvernement des peuples. Le nouveau principe d'autorité apparut. Il naissait de lui-même. Il se révélait par la nécessité. Les malheurs de la patrie enseignaient aux Français que la liberté, excellente pour renverser les abus, est impuissante à reconstruire un monde.

Mais cette vérité fut à peine perceptible. Un nuage de sang l'enveloppait. Et comme les hommes qui les premiers l'entrevirent étaient eux-mêmes couverts de ce sang, ils n'inspirèrent que de l'horreur.

La faction des enragés de liberté les immola au 9 thermidor. La liberté effrénée des hébertistes et de toute la canaille révolutionnaire, ayant à sa tête deux hommes de mauvaises mœurs et d'expédients, traînant à leur remorque les viveurs et les spéculateurs, Tallien et Barras, tint le haut du pavé.

Cependant la faction des libéraux à la manière

anglaise ne perdait pas une occasion de gagner du terrain. Une partie d'entre eux, qui avaient rejoint l'émigration, agissaient sur l'esprit du comte de Provence ; d'autres, en très-petit nombre, songeaient au jeune duc d'Orléans. Quelques-uns, comme madame de Staël et Benjamin Constant, poursuivaient leur rêve isolément.

A l'intérieur, cette faction trouvait ses complices naturels dans la classe industrielle, partout où la liberté commerciale est une nécessité de condition d'existence, partout où l'esprit moyen, les moyennes vertus et le moyen génie, cherchent un juste milieu.

Le 13 vendémiaire, ou plutôt le 27 octobre 1795, la faction des anglomanes fit un pas, en ce sens que le pouvoir législatif se scinda en deux chambres ou deux conseils, avec un directoire au sommet. C'était en quelque sorte l'embryon grossier du gouvernement constitutionnel.

Le principe d'autorité n'apparaissait pas.

Mais quand la révolution épuisée tomba dans le scepticisme et la rouerie, quand les Français eurent compris qu'ils vivaient parmi des ruines, comme des partisans battant la campagne, que rien ne se relevait sur cette place dévastée, jadis remplie par une monarchie de quatorze siècles; ils comprirent la nécessité d'un gouvernement fort, s'appuyant franchement sur un principe d'autorité conforme au génie du dix-neuvième siècle, et non sur une liberté qui laissait aux conspirations, aux insultes d'une presse immonde, à l'anarchie sous toutes ses formes, le moyen de perpétuer la discorde et l'instabilité.

Le 18 brumaire répondit à ce besoin de la patrie.

On peut dire que du 18 brumaire date le nouveau principe d'autorité auquel nous devons la puissance gouvernementale qui nous distingue, et la plupart des solides institutions qui sont restées debout à travers tant de vicissitudes.

II.

Sous l'Empire, la lutte des deux principes continua. La patiente faction qui espérait du temps, de la lassitude et des malheurs de la France un moment de triomphe, continua son travail de destruction. Quelques beaux esprits sans racines dans l'affection du pays, sans expérience faite de leurs idées exotiques sur le sol de la France, ne comptant que sur les faiblesses d'une classe moyenne à peine formée et qu'on n'avait pas encore tenté de corrompre systématiquement, quelques raisonneurs d'origine genevoise, quelques débris de la constituante, quelques douairières et quelques bas-bleus, se mirent à l'œuvre. En présence de cette vaste conception de l'État telle qu'elle sortit du cerveau de Napoléon, ces ennemis isolés ne s'effrayèrent pas plus de l'audace de leur œuvre que le ver infime, qui ronge et menace les villes sur pilotis de la Hollande, ne songe à ce qu'il entreprend.

Associés les uns de cœur, les autres de fait à la coalition, ils furent en conspiration flagrante avec l'étranger.

Il y a des gouvernements dans lesquels se résument si fortement, si intimement, les destinées et l'âme de la patrie, que l'opposition, admissible à un certain point de vue sous un autre système, devient quelque chose de semblable à la trahison et à la félonie.

Parmi ces opposants, quelques-uns se distinguèrent par leur persistance et leur perfidie. Nous citerons madame de Staël et M. Benjamin Constant.

Madame de Staël courut tous les salons de l'Europe pour diffamer Napoléon. On sait que cette buveuse d'opium, en adoration devant elle-même, sans vrai talent, car il n'y a pas de talent vrai sans le naturel, jugement faux, esprit sans cesse préoccupé d'un besoin de domination que rien ne pouvait apaiser, aspirant à la supériorité en toutes choses, danse ou politique, déclamation ou philosophie, passa son existence à tracasser Napoléon. Elle fut la mouche bourdonnante qui harcela ce lion.

M. Benjamin Constant la rencontra, l'aima autant qu'il pouvait aimer quelque chose, et à son exemple bourdonna aux oreilles du colosse. Il devint un tracassier de tribune, comme elle fut une tracassière de salons. Sceptique, joueur, desséché, *tout poussière* dès le jeune âge, comme il a dit lui-même, mais doué d'un remarquable talent de plume et de parole, cet homme stérile entreprit de devenir un des organes des ennemis de la France, et écrivit ce pamphlet intitulé *De l'esprit de conquête et de l'usurpation dans leurs rapports avec la civilisation européenne*. L'homme qui n'a vu ou feint de voir dans Napoléon Ier qu'un usurpateur ou un conquérant ne peut être qu'un homme de mauvaise foi ou un politique superficiel.

Ces écrivains qui donnaient une voix et des formules aux ennemis de la France encourageaient la faiblesse et la défection, et laissaient croire à l'étranger qu'il existait chez nous un puissant parti contre l'Empereur. D'autres, comme M. de Maistre, attaquaient plus rudement Napoléon, mais du moins avec plus de loyauté. D'autres encore, comme M. de Chateaubriand, obéissaient à un sentiment d'envie. Napoléon eut pour ennemis tous les hommes en France, en Europe, que son génie blessa dans leur orgueil. Aussi mirent-ils à le renverser plus que de la passion politique, de la passion personnelle.

On a remarqué qu'aucun fruit ne résulta des relations de M. Benjamin Constant et de madame de Staël. On se trompe, Waterloo fut un de ces fruits. Ils en peuvent au moins revendiquer leur part. Le scepticisme et la vanité enfantèrent la mort et le néant.

Quand Marmont trahit, en 1814, et livra Paris à l'étranger, il savait bien ce qu'il faisait. La trahison avait eu ses publicistes, ses orateurs, il fallait bien qu'elle eût son général. Et on fit entendre à la boutique qu'elle allait récolter les fruits de la défection.

L'industrie n'a jamais pardonné à Napoléon le blocus continental. Elle qui lui dut la vie, ne souhaita que sa mort.

Le principe d'autorité fut encore une fois vaincu.

Le principe de liberté tel que le conçurent les parlementaires est entré en France à la suite des bandes sauvages d'Alexandre et de Blücher.

Il y a là de quoi méditer.

III.

Ce fait a d'ailleurs ceci de frappant que les hommes d'État du règne de Louis-Philippe, c'est-à-dire ceux-là qui serrèrent de plus près la réalisation du principe libéral à l'instar des Anglais, ont trempé à divers degrés dans la trahison, dans le pacte avec la coalition.

M. Villemain, l'un des ministres du règne de Louis-Philippe, ne félicita-t-il pas l'empereur Alexandre?

M. Guizot, qui fut sept ans président du conseil, n'alla-t-il pas à Gand pendant les cent jours?

Le principe libéral et parlementaire ne représente donc bien réellement au point de vue national, par rapport à la France, que deux choses :

1° La seconde émigration;

2° La complicité morale avec l'étranger.

IV.

Ainsi, de la lutte de ces deux principes naissent nos douze gouvernements successifs en soixante ans, nos guerres extérieures, nos guerres civiles.

Vainement, la Révolution épuisée par les excès de la liberté, Napoléon Ier intervient-il en médiateur, en initiateur, et prouve-t-il que le principe d'autorité seul est de sa nature apte à constituer l'État et à gouverner, dans un pays comme la France surtout, où l'aristocratie usée ne peut, comme en Angleterre, sous les apparences du libéralisme, constituer un fort patronage et se substituer au pouvoir partout où il fait défaut.

Tout ce qu'il pourra faire ne trouvera point grâce aux yeux de ces implacables ennemis. C'est un duel à mort. Et quand la pierre de Sainte-Hélène se sera refermée sur ce grand pasteur de peuples, ils le poursuivront encore de leurs calomnies.

A la Restauration, comme sous la constituante, le principe libéral se bifurqua. Louis XVIII parut insuffisant. On critiqua l'esprit féodal d'une charte octroyée. Une faction orléaniste, née au club des Jacobins et au Palais-Royal, nourrie dans l'émigration, reparut. Les partis sont comme l'hydre : les têtes coupées font place à des têtes nouvelles. Hélas! c'est le malheur de la France, comme ce fut celui de l'Espagne, de recéler trop de factions!

Ainsi la liberté se scindait le lendemain de la chute du nouveau principe d'autorité, comme elle s'était scindée sous Louis XVI, le lendemain du jour où périssait l'ancien principe d'autorité.

Or, cet ancien principe essaya, lui aussi, de renaître. Charles X en fit l'essai.

Le schisme alors fut deux fois double, double en matière de liberté, double en matière d'autorité.

Mais définitivement vaincu, tout porte à le croire, l'ancien principe d'autorité ne reparaîtra plus. L'idée napoléonienne reste seule debout en face des vingt sectes plus ou moins libérales nées de la décomposition du parti républicain et des deux factions royalistes qui offrent à la France la liberté à leur manière, en échange du trône.

V.

Notre route s'éclaire. Un pas encore, la lumière l'inondera entièrement.

Quiconque, de nos jours, se serait borné à étudier les pensées et les actes de l'empereur Napoléon Ier serait, par cela seul, un homme politique de premier ordre.

La puissance du monarque qui gouverne aujourd'hui la France s'explique en partie par cette nourriture intellectuelle, par cette moelle de lion dont fut repue sa jeunesse. Cette politique positive assura au parti napoléonien une supériorité réelle sur les partis compétiteurs. C'est ce que peu de personnes observèrent. Fiers de leurs gloires de tribune et d'écritoire, les autres partis oublièrent le peuple. Leurs triomphes académiques les perdirent. On n'imaginerait pas, si on ne daignait s'en rendre compte, la part d'utopie, de vaine idéologie, de romantisme, qui insensiblement s'était glissée dans la politique à la fin du règne de Louis-Philippe et sous la seconde République française.

Louis-Napoléon, comme son oncle, intervint au milieu du trouble et de la confusion des idées.

Il intervint en médiateur.

Le premier Consul apparut dans un milieu historique bien différent cependant, à un autre point de vue. Sous Napoléon Ier, les partis fatigués avaient usé même la terreur, et c'est par impuissance radicale que la liberté dut céder la place au principe d'autorité.

Lorsque la présidence décennale marqua la transition de la seconde république française au second empire, les partis au contraire se disposaient à de vastes funérailles. Leur colère longtemps contenue allait éclater. Juin 1848, qui vit pendant cinq jours, de l'un et de l'autre côté des barricades, des républicains en armes, montra par ses horreurs l'hypocrisie profonde des mœurs parlementaires en France, et des partis qui les représentaient. Cette mansuétude qui avait, au début de la seconde république française, fait repousser l'échafaud politique, n'était qu'une lâcheté chez quelques-uns, chez le plus grand nombre une tactique destinée à éloigner le spectre de 1793, qu'évoquait dans l'âme des foules le seul nom de la République.

Mais les proscriptions, les émeutes, les excitations de la tribune et de la presse, la révolte des ambitions ajournées, la colère des déceptions populaires, mille causes sanglantes planaient sur la date de 1852, qui devait à la fois marquer le renouvellement du pouvoir exécutif et du pouvoir législatif.

On se disposait, cette fois, à jeter le masque. Que quiconque a été englobé dans ce tourbillon des passions du temps, le dise avec sincérité! Qu'était-ce que l'avenir de 1852, pour nous tous, ignorants ou intelligents, prolétaires ou hommes d'élite, sinon une lutte à mort, sinon un banquet des Euménides où chacun espérait se repaître d'une large vengeance et boire, comme au paradis d'Odin, dans le crâne des vaincus?

Napoléon III fut le médiateur. Le 2 décembre, comme le 18 brumaire, dénoua une situation impossible. Napoléon Ier avait épargné à la France la ruine et l'anarchie; Napoléon III lui épargna la guerre civile. Napoléon Ier liquida la Révolution, Napoléon III liquida le socialisme. Les vainqueurs ont de tout temps réalisé une partie du programme des vaincus. Tout ce qu'il y avait de bon dans les grands travaux de la Convention fut assimilé par le Consulat et par le premier Empire. Ce que le socialisme contenait de sage et d'applicable, la mutualité, par exemple, a reçu du gouvernement actuel une telle impulsion, que la société de secours mutuels développée, multipliée, englobera bientôt le peuple entier. La France deviendra, sous ce paternel régime, une famille immense dont tous les membres, unis par les liens d'une charité solidaire, offriront au monde le vrai spectacle de la fraternité.

Elle attestera ainsi sa tendresse infinie aux yeux des peuples de l'Europe, comme elle attesta jadis sa vaillance sur cent champs de bataille.

VI.

On sait maintenant par ses actes ce que veut et ce que signifie le nouveau principe d'autorité. La raison apaisée voit et comprend. On peut s'associer à une pareille œuvre, oublier quelques préférences nées des premières impressions de la jeunesse, ou des souvenirs heureux de la vie. La certitude de ne point travailler dans le vide, l'évidence d'une marche rapide vers la constitution de la société française du dix-neuvième siècle, constitution cherchée à travers douze changements de gouvernement et des flots de sang; la conviction qu'il se fait, à l'heure présente, pour cette grande masse de déshérités qu'on nomme le prolétariat quelque chose de virtuel; l'orgueil légitime qu'on éprouve en voyant le pavillon français relevé à la hauteur qu'il doit occuper; la confiance que donne la puissance de l'État en pleine possession de lui-même et agissant dans la libre mesure de sa force, tant de causes profondes, en dehors même des moyens de répression, devaient suffire à licencier les partis.

L'opposition devenue impossible par cela même que l'initiative émane de l'État, les partis ont en effet perdu les moyens d'agiter le pays. Amoindris par leur infériorité beaucoup plus que par la rigueur des lois, discrédités par le souvenir de leurs fatales expériences, ils ne recrutent plus et perdent chaque jour des adhérents. Tout ce qui n'est pas trop compromis se détache d'eux.

Que reste-t-il en face de ce gouvernement, beaucoup plus occupé d'affaires utiles que de politique? Quelques voix qui persistent, comme la hulotte dans le silence des nuits d'été, à répéter un cri monotone. Ils réimpriment des formules usées.

Qu'on nous pardonne de rechercher une définition dans nos propres écrits. Mais nulle part ce système n'a été expliqué avec plus de sincérité que dans les lignes suivantes :

« Ces hommes ont jadis rempli du bruit de leur parole le théâtre de la vie publique. Le papier qu'ils ont couvert de leurs écritures envelopperait la terre entière. Ils ont eu la renommée, les honneurs, la puissance, — s'il suffit pour être puissant d'exercer des pouvoirs publics. Après quinze années d'une opposition qu'on nomma jadis *la comédie de quinze ans*, ils renversèrent la monarchie dite légitime ; et le peuple, sur la foi des écrits et des paroles de leur jeunesse, leur confia ce qu'il avait de plus précieux : le dépôt de la Révolution française.

» Maîtres de ce trésor, qu'ont-ils essayé pour le faire fructifier? La France le sait; elle a demandé ses comptes au bout de dix-huit ans. Il s'est trouvé alors que, dépositaires infidèles, ces hommes avaient, de parti pris, par erreur d'intelligence, par faiblesse de cœur, systématiquement accordé à la seule classe moyenne la part de bénéfices qui appartenait à la nation tout entière.

» Les vrais serviteurs de la Restauration, c'est une justice à leur rendre, n'ont généralement pas cherché à survivre au régime pour lequel ils étaient formés. La partie perdue, ils sont rentrés dans le silence et dans la retraite, profitant de ce qui leur restait de jours pour songer à Dieu. Ils ont laissé à de plus jeunes le soin de conserver leurs traditions et la fragile épave de leurs espérances.

» Plus tenaces, plus âpres au jeu de la vie publique, les hommes du règne de Louis-Philippe n'ont pas cessé, depuis l'époque de leur chute, de s'agiter dans le but de reprendre la possession des esprits. Ils ont fait un mal considérable au gouvernement que la France essaya de mettre en pratique le lendemain de février. Par la calomnie, par l'intrigue parlementaire, par mille secrets que leur enseignait leur longue expérience, ils ont ruiné ce gouvernement dans l'opinion ; ils l'ont ridiculisé, stérilisé. Quoiqu'ils n'aient guère tiré profit de ces manœuvres, et que, sans trop de malice, on puisse comparer leur rôle, sous la seconde République française, à celui de l'eunuque au sérail, ces hommes ont été infatigables dans leur esprit de destruction. Dix-huit ans de pouvoir, trente ou quarante ans de vie publique, n'ont pas assouvi leur amour du bruit et des affaires. Ils ressemblent à ces acteurs célèbres qui se sont fait du théâtre une telle habitude, que ni l'âge ni les infirmités ne peuvent les décider à quitter les planches, et qu'ils affligent longtemps encore de leur importune présence le parterre indulgent au souvenir de leur passé.

» Depuis que l'exercice de la parole leur a été ravi et qu'il n'a plus été possible d'écrire aussi librement qu'autrefois, ces hommes n'en ont pas moins persévéré dans leur conduite, seulement ils ont changé de tactique. Ils ont essayé de nous persuader que notre cause était la même que la leur; ils ont feint de ne pas comprendre que notre jeunesse nous dégage heureusement de la solidarité des vieux partis; que les principes éclos à la fin du règne de Charles X et sous la monarchie de Juillet tracent entre eux et nous une ligne de démarcation, et que nous ne sentons rien de ce qui fait leurs haines et leurs espérances. Séparés des factions, de quelque urbanité dont elles s'enveloppent, nous nions leur efficacité. Affranchis par une suite de révolutions qui ont détruit en nous le culte des partis, nous n'apportons dans le mouvement des idées de notre temps qu'une indépendance, gage de notre probité, des vues générales, l'absence de systèmes et l'esprit de réalisation, plutôt que l'esprit de théorie.

» Voilà pourquoi les séduisants et habiles recruteurs dont nous parlions plus haut n'entraîneront pas dans leur voie les générations modernes.

» Vis-à-vis du pouvoir, leur tactique n'a pas été plus heureuse. A mesure que le cercle des libertés publiques s'est resserré au contre-coup des éventualités dans lesquelles le gouvernement a vu des nécessités d'État, ces illustres opposants se sont réfugiés dans une politique singulière, énigmatique, faite pour les initiés, mais qui transpire avec d'autant plus d'intensité qu'elle a un air de mystère, qu'elle procède par à peu près, par insinuation, par comparaisons, par paraboles.

» Tel est ce qu'on pourrait nommer l'*opposition allusionnelle* [1]. »

VII.

Lorsqu'à la suite des luttes intestines et de l'anarchie qui en résulte les pouvoirs publics se sont mis sur la défensive, quand l'État est devenu ombrageux parce que son existence a été mise en question, quand les hommes à qui est échu le soin de gouverner ont serré de toute la puissance de leur énergie le frein des libertés publiques, il reste aux esprits indépendants un rôle honorable à remplir.

[1] Voir la *Presse* du 16 février 1858.

En dehors de ce rôle utile et sérieux, on tombe dans le péril du silence forcé et du discrédit par absence de dignité.

L'opposition allusionnelle manque de grandeur et d'utilité, l'opposition directement hostile se voit obligée, sous un régime sévère, à racheter sa hardiesse de la veille par une platitude du lendemain.

Pour conserver sa dignité il ne suffit même pas que le publiciste se place en dehors des querelles de partis; il faut qu'il suppose au gouvernement les vues élevées et l'amour du bien public qui forment la plus noble part de son essence. En présentant les opinions, le publiciste ne doit se proposer pour objet que le bien public et ne jamais sous entendre l'intérêt d'un prétendant, d'une République ou d'une utopie.

A ces conditions, la presse indépendante peut encore, en temps de paix, quelque exiguë que devienne la portion de terrain légal laissée à la libre pensée, accomplir sa plus noble, sa plus haute mission, qui consiste à persuader le progrès et non à passionner les masses contre la forme du pouvoir et contre la personne de ceux qui l'exercent. Elle deviendra par la pratique de ce système le contrôle et la libre succursale du conseil d'État. C'est un rôle qui vaut encore la peine d'être joué, ce nous semble.

Il est évident pour nous qu'une presse indépendante, animée du sentiment qu'on vient d'exprimer, forte de son désintéressement, de sa modération, de sa sincérité, considérable par ses lumières, par la netteté de ses vues, par l'esprit pratique de ses conceptions, procédant méthodiquement dans la voie que nous venons d'indiquer, ne tarderait pas à conquérir la sympathie du public, l'estime et le respect du pouvoir.

Le mérite de cette donnée ne consiste pas seulement à rouvrir la carrière des affaires à une foule de capacités qui se dévorent dans l'inaction et privent le pays de leur concours. Elle permet en outre au publiciste d'aborder toutes les questions pendantes, d'entretenir dans le pays la circulation intellectuelle, sans laquelle la pensée publique ne tarde jamais à s'atrophier et laisse la nation dans un abaissement moral dont il n'est pas sûr qu'elle saurait se relever au jour du péril et du malheur.

L'abstention n'est pas une tactique appropriable au génie des peuples modernes. C'est encore une de ces idées romaines qui flottent à la surface de la civilisation et entravent son cours.

Dans l'antiquité le peuple se retirait sur le mont Aventin. Mais se retirer c'était agir. Dans l'oligarchie romaine, le peuple qu'on ne confond pas avec le prolétariat avait toute l'importance de cette bourgeoisie des communes qui tint tête chez nous à l'oligarche féodale et finit par en triompher.

Si en se retirant, c'est-à-dire en s'abstenant de la vie publique, l'opposition pouvait par ce seul fait ôter en quelque sorte au pouvoir l'air respirable et le placer sous l'action d'une machine pneumatique, le rôle de l'opposition serait aisé. L'abstention deviendrait le signe le plus énergique de l'activité. Mais comme cette doctrine est aussi chimérique que la doctrine du refus de l'impôt, c'est dans une voie plus raisonnable, et nous ajouterons plus chrétienne, que les esprits indépendants doivent chercher leur salut.

Le vaincu dans l'antiquité s'ouvrait les entrailles ou laissait, dans un bain suprême, couler sa vie avec son sang. Avec la fatalité à la base, il faut bien, en politique, placer le suicide au sommet.

Si, comme on vient de l'établir, l'abstention n'est pas l'action, que peut-elle être, sinon le suicide intellectuel? Or, puisque nulle philosophie en ce siècle ne s'abaisserait jusqu'à cette poussière des vieux mondes, il faut bien en conclure que l'abstention est une anomalie, ou tout simplement le masque romain dont la paresse et l'impuissance couvrent leur orgueilleuse fatigué.

L'esprit de nos religions et de nos philosophies, les principes modernes de la politique, les moyens dont elle dispose depuis la découverte de l'imprimerie et l'immixtion de la presse périodique dans les affaires d'État, la souveraineté de l'opinion passée dans l'application par la pratique du suffrage universel, tout, en un mot, conclut contre le principe fatal de l'abstention.

Que les vieux partis s'abstiennent, qu'ils confessent leur impuissance par leur inaction, qu'ils trahissent leurs colères plus ou moins légitimes par des procédés où ils risquent de laisser jusqu'à leur dignité, ils n'enfermeront jamais les jeunes générations dans un pareil système. La jeunesse a soif de vivre et d'agir. Vous ne lui persuaderez jamais qu'il faut se taire et mourir avec vous sans autre compensation que des malices historiques. Vous avez été, on veut être.

S'il est vrai qu'agir, — et comment agir sinon par l'initiative individuelle lorsqu'on n'est pas gouvernement? — s'il est vrai que faire acte de vie, acte de pensée, ressorte clairement du génie de la civilisation, si tout nous convie à participer à la vie publique, si la molécule politique, au lieu de s'appeler *fief*, se nomme aujourd'hui *individu*, si tout citoyen à cette heure peut, dans l'État, dire : *moi;* il faut qu'il affirme ce moi par son activité, par son utilité.

On n'imagine donc rien de plus digne d'occuper les esprits, au temps actuel, que de rechercher par la science, par l'étude des questions, par leur élucidation dans la presse périodique, un moyen de servir leur pays sans compromettre l'indépendance chère à quiconque en est encore aux regrets ou aux espérances. Une activité bien dirigée, loyale, dénuée d'esprit d'embûches et de dénigrement, peut dans de vastes limites s'exercer au profit de tous, sans danger pour l'État. Les hommes épris du gouvernement anonyme des idées trouveront toujours une voie ouverte par laquelle se précipiteront les jeunes âmes. Mais il ne faut pas qu'au bout de cette voie la jeunesse ne rencontre, dissimulée sous les fleurs du jardin de la rhétorique, qu'un cercueil pour son corps et pour ses légitimes aspirations. Il ne faut pas que la jeunesse soit emportée comme la fiancée de la ballade allemande sur un cheval qui fait cent lieues en un jour et mène, non pas au lit des épousailles, mais au charnier du couvent.

Ainsi fit l'opposition de la comédie de quinze ans.

A quoi sert aujourd'hui, à qui servit hier le sang des sergents de la Rochelle? Où conduisirent les écoles qu'ils enflammaient de leur parole ces professeurs illustres qui les premiers introduisirent le levain de la politique dans les chaires du collége de France? Professeurs de barricades en langage académique, ils armaient les bras de cette jeunesse qui remua les pavés de Paris. Et plus d'une mère vit entrer au logis les pieds en avant, le front troué d'une balle le fils unique de sa tendresse, à qui la parole du maître avait percé le cœur avant que la balle du Suisse lui eût brisé le crâne.

Noble combat sans doute s'il avait servi à quelque chose.

Mais le lendemain c'était à recommencer. L'opposition se remettait à l'œuvre, envoyant de temps en temps des légions d'âmes à Caron. Du cloître Saint-Merry s'élève encore la rouge vapeur d'un sang généreux inutilement versé. Lyon porte au flanc une plaie béante. 1832, 1834, 1839, sont marqués d'un signe funèbre dans nos calendriers écoulés.

La rue balayée, le sang lavé, les fosses comblées, l'opposition, impassible comme la mort elle-même, renversait son sablier. Elle reprenait ses cornues, ses creusets. Elle retournait sur la montagne chercher, à la lueur des étoiles, ses simples et ses plantes mystérieuses. Elle se remettait patiemment à composer ses philtres. Tous les maîtres dans l'art magique de passionner et d'affoler les jeunes intelligences s'unirent en un suprême effort. Prose et vers ruisselèrent comme un breuvage délicieux dont s'enivrait la jeunesse.

Et nous vîmes, un soir, tout un peuple frappé d'épouvante rouler, comme un torrent, sur nos boulevards. Un chariot suivait escorté de torches et d'une populace livide, un chariot gorgé de cadavres, comme de raisins la hotte d'un vendangeur. C'était en effet la vendange de l'opposition romantique du règne de Louis-Philippe.

La République était venue enfin. Nous la vîmes

sous des symboles divers au palais des beaux-arts. Nous la vîmes telle que la comprenaient nos peintres serviles imitateurs de nos poëtes, de nos romanciers, de nos philosophes, de nos historiens, de nos professeurs. Nous la vîmes sous les espèces d'un écu de cent sous; nous la vîmes grisette ou servante, sorcière, balayeuse, vache à lait, fille des quartiers galants.

Et l'opposition pendant ce temps ne se contentait plus de renverser le sablier, elle poussait, poussait le sable. Elle fouettait le cheval funèbre de Bürger. On n'allait pas assez vite aux vastes funérailles de juin, pas assez vite à ces grandes barques de l'exil qui glissèrent silencieusement sur la Seine et qui ne revinrent pas, pires que les barques de Tibère, qui du moins glissaient sur les flots bleus de la mer Tyrrhénienne, et n'envoyaient pas aux regions du soleil des hommes du Nord qui devaient sécher comme vers un sol ingrat et sous un ciel de feu.

Lorsqu'on reconstruit ainsi par la pensée le poëme de l'opposition parlementaire, professorale, littéraire et romantique de 1815 à 1850, lorsqu'on rapproche ces sanglants et stériles résultats de ceux qu'obtint l'opposition utilitaire des constituants de 1789, on comprend qu'un gouvernement national, doué, comme celui de Napoléon III, du sens pratique, du génie positif de la véritable démocratie, ait encloué ce canon sans cesse chargé à mitraille, qui pour tirer sur le gouvernement commençait par massacrer le peuple. On conçoit qu'un pouvoir paternel demande à l'écritoire de l'encre utile et non pas le sang du prolétariat. Poëtes et publicistes ont assez longtemps trempé leur plume dans ces larges blessures par où s'épanche la vie des nations.

Il faut que la presse indépendante sache donner la vie et non la mort, quelle serve ou qu'elle se taise.

VIII.

Ainsi la vérité aura triomphé. Il aura été constaté par les faits que le principe d'autorité préside à la formation et aux gouvernements des sociétés. Après soixante années de lutte la France sera rentrée en possession de ce principe transformé, suivant les besoins démocratiques du dix-neuvième siècle, par le génie de Napoléon Ier. Les esprits seront rentrés dans le calme et dans la joie. Les aptitudes auront trouvé leur direction, le prolétariat sa garantie, toutes les classes la légitime part d'influence qui leur est due. Et il sera dit que quelques voix s'élèveront toujours pour protester en faveur des vaines chimères de leur jeunesse.

Le vieux libéralisme n'est pas encore éteint. Il chanta ses antiennes funèbres à Coppet, à Hambourg et à Londres, pendant toute la durée du premier empire. Il recommence avec le second.

Napoléon Ier fut tracassé par M. Benjamin Constant et par madame de Staël. Madame de Staël nous manque aujourd'hui, mais nous avons M. Villemain. M. Benjamin Constant n'est plus, mais il revit dans M. Guizot. La vieille tactique a reparu.

L'opposition allusionnelle, réduite à emprunter à l'histoire du passé les moyens de combattre le présent, est obligée de recourir à des armes pesantes. Elle frappe rarement, car il est malaisé de faire un journal avec des pages d'histoire; c'est donc au volume qu'il faut recourir. De temps en temps certaines librairies lancent avec éclat un livre de forte dimension, fabriqué avec luxe et signé d'un nom de ministre de quelque ancien régime. Ces gros livres sont les articles de la *polémique rétrospective*, la *seule* polémique que puissent se permettre l'opposition allusionnelle et les tacticiens du passé.

Examinons l'un des ouvrages de cette famille nouvelle. Il a pour titre : *Mémoires pour servir à l'histoire de mon temps*. Le premier volume dont il s'agit ici embrasse la vie publique de l'auteur et les événements qui s'y rattachent, depuis 1807 jusqu'en 1830. La lecture en vaut la peine et offre un grand intérêt d'art.

M. Guizot a plus d'attitude, plus de dignité, plus de mesure, plus d'esprit sérieusement gouvernemental que M. Villemain. L'habileté chez lui revêt des formes austères qui l'ennoblissent. Jamais personnage politique n'eut au même degré les apparences, le style, le maintien d'un grand homme d'État, et ne masqua mieux sous le prestige de la forme la pauvreté des doctrines et l'insuffisance du caractère.

En entreprenant aujourd'hui la défense de ses doctrines et la critique du *principe* qui a prévalu, il n'est pas probable que M. Guizot ramène beaucoup d'esprits à des opinions un peu surannées et qui ont fait leur temps. S'il a en vue la justification de ses actes, il est douteux qu'il réussisse à expliquer ceux de ces actes que la conscience publique réprouve, de façon à se faire amnistier dans l'avenir. S'il ne poursuit enfin que le but modeste qu'il a inscrit en tête de son livre, on doit le remercier, mais n'accepter ce don qu'avec une prudente méfiance.

Les raisons s'en déduiront plus loin.

IX.

Ce qu'on se propose avant tout, dans l'examen de ce livre sorti tout armé de la pensée d'un vieillard illustre, c'est de dégager la pensée qui domine et relie ces pages subtiles, d'analyser le systeme d'attaque et le système de défense; car on ne doit pas oublier que l'auteur fut un des dangereux tacticiens de l'opposition de 1820 à 1830, qui jouèrent, comme Warwick, avec les trônes, les brisant par ambition, quelquefois par entêtement et par impéritie, comme en 1848.

M. Guizot est, on le sait, un de ces bourgeois protestants dont la race remarquable s'est perpétuée en France, et a eu pour effet sur nos mœurs religieuses de mitiger l'emportement des attractions catholiques. Cette race écrivante et raisonneuse, dont Rabaut Saint-Étienne, Necker et quelques autres personnifièrent bien le caractère dogmatique, fit un profit considérable de l'importation des idées anglaises à la fin du dix-huitième siècle.

Mais les différences profondes qui séparent la révolution d'Angleterre de la révolution française, l'état si dissemblable des mœurs, des idées et des classes, chez les deux nations, ne permirent pas à ces protestants d'établir en France les bases du gouvernement parlementaire sur les solides assises qui distinguent l'oligarchie anglaise.

Il s'était formé dans le parlement et dans la constituante un groupe dont nous avons indiqué la filiation historique. La pensée de ce groupe fut de rechercher les moyens d'appliquer à la France les principes du gouvernement anglais, dans la mesure compatible avec le tempérament du pays et avec les éléments disponibles qu'il offrait. Les origines politiques de M. Guizot sont là! Elles n'arrivent à prendre une nuance personnelle et distinctive qu'à l'époque où fut constitué le petit groupe désigné depuis sous le nom de *doctrinaires*.

Sur la scène de la vie publique, ces hommes furent de remarquables comédiens. Le bagage de leurs principes ne gêna point leurs mouvements. En philosophie, ils se déclaraient éclectiques. Ce qui, en s'en tenant à la définition du mot, signifiait une école de philosophes choisissant un peu partout ce qui lui convient.

Appliquée à la politique, cette Église de *choisisseurs* prenait au despotisme l'*ordre*, et à la révolution la *liberté*. L'ordre et la liberté furent, on le sait, la formule obscure dont notre enfance entendit tant de fois sonner les syllabes sans pouvoir en comprendre le sens.

Qu'entendaient-ils par ordre? qu'entendaient-ils par liberté? Comment conciliaient-ils ces deux termes, étonnés de se voir accouplés? quelles déviations nouvelles ces grands termes, sans cesse torturés par la subtilité des tacticiens, subissaient-ils en passant par leur bouche? Nous le verrons en poursuivant l'examen du livre de M. Guizot.

« Tant que la liberté, dit-il, n'aura pas hautement rompu avec l'esprit révolutionnaire, et l'ordre avec le pouvoir absolu, la France sera ballottée de crise en crise et de mécompte en mécompte. » (Page 3.) En songeant au grand âge de l'auteur, à la place qu'il occupe dans l'imagination des Français, aux livres considérables qu'il a publiés, on a presque honte à s'exprimer avec cette rigueur, mais il faut bien dire sa pensée. Or, dans notre pensée, de telles phrases n'ont aucun sens, ou ne sont que de vaines amorces jetées en pâture à la stupidité d'une classe dont, à défaut d'une aristocratie taillée dans le dur granit de l'aristocratie anglaise, on espérait faire l'instrument du système entrevu.

A quoi bon ce perpétuel reniement de saint Pierre à l'égard de la révolution? N'est-il pas plus honnête, pour un gouvernement comme pour un peuple, d'accepter loyalement le point de départ de sa régénération civile et politique? Cela veut-il dire qu'on se rende solidaire des hâbleries et des atrocités de quelques petits brigands sanguinaires que la Providence a coutume de prendre au plus épais de l'écume des nations, pour l'accomplissement de certaines œuvres qui entrent dans ses desseins?

L'habileté seule perçait sous ces obscures paroles. On voulait flatter le libéralisme des classes moyennes, les rassurer en même temps; mais la défaillance d'une théorie générale était flagrante. Qu'on lise les pages où M. Guizot essaye de définir les principes des *doctrinaires*, et profite, un peu puérilement, d'une dénomination qui ne fut qu'une plaisanterie, on sera frappé du vide immense de ces prétendues doctrines. On jetait aux foules des paroles sans lien, sans coordination. On échafaudait de petits systèmes dénués de base réelle, mais qui flattaient habilement les intérêts et les passions, et auxquelles on donnait assez de gravité pour les faire prendre au sérieux; ce qui d'ailleurs ne manquait pas d'arriver par l'influence personnelle des gens qui les émettaient. Nous avons remué la poussière de ces brochures, singulièrement spécieuses et sèches, mais pleines de passions dissimulées et d'une excessive ambition de forme. L'opposition, le gouvernement, s'y démontent pièce à pièce, comme des mécaniques ingénieuses; et les inventeurs enseignent la manière d'en jouer. Pauvre peuple! c'était bien le cas de te répéter l'ironique parole du courtisan Chesterfield : « Allez voir, mon fils, par qui l'Europe est gouvernée! »

X.

Sous la restauration tout manœuvra dans ces sphères étroites. Ce fut le règne des gens habiles. M. Guizot avoue lui-même que les fortunes politiques s'y faisaient assez aisément.

Les parlementaires, dont M. Guizot fut une des actives personnifications, espérèrent s'accorder avec le roi Louis XVIII. Le scepticisme d'un vieil incurable pouvait s'accommoder des principes équivoques à l'aide desquels les imitateurs du système anglais prétendaient s'imposer à la France. Louis XVIII n'était plus ce comte de Provence plein de rêves féodaux. Il s'était usé au frottement des années. La maladie, l'impotence, l'avaient ramené au terre-à-terre d'une royauté de transaction. Le spectacle de la société anglaise n'était pas non plus resté sans influence sur ses idées; les petits-fils de Montesquieu devinrent donc possibles. « Des chances favorables s'ouvraient par cette voie, a dit M. Guizot, car la raison disait, et l'expérience a démontré qu'après ce qui s'est passé en France depuis 1789, le despotisme est impossible à la maison de Bourbon. » (Page 95.) Nous ne savons pas si la raison a prononcé cette formule fusionniste, mais nous croyons que l'expérience, en 1830, a diamétralement prouvé le contraire.

Les transactions de la nature de celle que nous indiquons ont leur embryologie dans les chartes et dans les constitutions. Mais c'est au cœur des lois organiques, dans les lois d'élection surtout, qu'on surprend avec une entière certitude le phénomène de leur existence.

La loi d'élection du 5 février 1817 va nous fournir l'occasion de voir se développer et passer dans les faits les prétendus principes des tacticiens qui prirent pour formule l'ordre et la liberté. Il est curieux de voir comment ces hommes commentèrent à leur manière et à leur profit les principes de la révolution.

Aux termes de cette charte de 1814 à 1830, que M. Guizot affirme avoir été une vérité, il fallait payer trois cents francs d'impôt pour avoir droit de suffrage. Lorsque la révolution de 1830 eut modifié le régime constitutionnel, le cens fut réduit à deux cents francs. Or, ainsi réduit, le cens ne permettait que deux cent vingt-deux mille électeurs à une population de trente-six millions d'habitants. S'il est vrai, comme on l'a dit, que les lois sont surtout profitables à ceux qui les font, la conséquence d'un pareil système électoral est aisée à tirer.

Quoi qu'en puisse dire M. Guizot, le fait est aujourd'hui si patent que nul, excepté ceux qui l'ont commis, ne cherche à en nier l'existence; le régime parlementaire tel qu'il fut compris et expérimenté en France, sous la restauration et sous la monarchie de juillet, fut de fonder la domination des classes moyennes, et de gouverner en formant dans la Chambre des députés un torysme bourgeois, comme le dit M. Guizot lui-même, tant il est préoccupé, jusque sur le déclin de la vie, d'ennoblir ce ventre du corps parlementaire auquel il dut sept années de pouvoir. Au risque de passer aux yeux de cet homme illustre pour un de ces « pauvres politiques et de ces pauvres philosophes qui ne comprennent ni les instincts moraux de l'âme, ni les intérêts essentiels de la société (page 56), » on se voit dans la dure nécessité de rejeter avec dédain les *démentis audacieux* que toute la gloire littéraire possible ne saurait accréditer. Jamais paroles plus étrangères à la vérité ne tombèrent de lèvres humaines. Jamais *mensonges politiques* ne furent articulés avec plus de solennité. « La tentative eût été étrangement ignorante et insensée, » poursuit M. Guizot. Ajoutez qu'elle fut profondément impie.

Ces hommes s'étaient déclarés spiritualistes. L'ombre de Condillac, d'Helvetius, de d'Holbach, les effrayait. Ils avaient si peur de se compromettre avec cette révolution maudite, qu'ils ne savaient qu'imaginer pour creuser l'abîme entre elle et eux. Il leur suffisait d'avoir dépouillé le cadavre de cette mère généreuse à laquelle ils devaient tout, ils abandonnaient son corps aux injures des passants, et la laissaient en proie aux bêtes malfaisantes. Or, comme ces protestants, ces philosophes, ces doctrinaires n'entendaient pas se mettre mal avec une puissance de la force de l'Église catholique, apostolique et romaine, ils arboraient à leur chapeau cet écriteau : *spiritualistes*.

Eh bien, quiconque aujourd'hui, en vue du lent

travail de l'histoire, est contraint de se courber vers le charnier des lois du régime parlementaire, lois arrosées tant de fois du *sang du peuple*, quiconque s'est approché, rejette aussitôt la tête avec horreur, tant il s'élève de ces bas fonds comme une épaisse vapeur du matérialisme le plus grossier.

Il semblait qu'ils eussent inventé pour le sens littéral des mots quelque chose de plus bas que le sol. Il y aurait de nos jours un curieux dictionnaire politique à dresser pour l'intelligence de ces livres épais et de ces grands discours dont ils remplirent la France.

Prononçaient-ils le mot *ordre*, cette grande parole qui envoie à l'esprit une idée de l'ensemble et de l'harmonie des faits sociaux, d'après des principes religieux et politiques, ne signifiait pour eux que la tranquillité dans la rue.

Articulaient-ils les mots *droits politiques*, dans leur bouche, il ne s'agissait pas là d'une de ces vastes et équitables formules d'après lesquelles chaque citoyen dans la nation, étant considéré comme un membre d'une même famille, un associé d'une même entreprise, a droit de participer par son vote au gouvernement, et de s'élever dans ce gouvernement, soit par l'admission à tous les emplois civils et militaires, soit par le mandat qu'il reçoit de ses concitoyens, dans la hiérarchie des fonctions, au rang que lui assignent ses facultés.

Le droit politique des parlementaires consistait à dépouiller la nation au profit d'un petit nombre de propriétaires, seuls admis à voter, et d'un plus petit nombre seuls aptes à légiférer, en vertu de ce qu'ils possédaient une plus grosse part de propriété.

S'agissait-il de *liberté de la presse*, « La liberté de la presse, s'écrie M. Guizot, c'est l'expansion et l'impulsion de la vapeur dans l'ordre intellectuel, force terrible mais vivifiante, qui porte et répand en un clin d'œil les faits et les idées sur toute la surface de la terre » (page 176) ; paroles, paroles encore ! La liberté de la presse dans les lois du régime parlementaire, on la connaît. C'est le droit, pour quiconque possède cent mille francs à verser, à titre de cautionnement, de publier une feuille, pourvu qu'il ait le capital nécessaire à une pareille exploitation. Qu'un habile industriel, par exemple, ait, en spéculant, accumulé une fortune, à lui *l'expansion et l'impulsion de la vapeur dans l'ordre intellectuel !* Qu'un banquier intelligent ait fait fortune par l'escompte, à lui cette *force terrible et vivifiante qui porte et répand en un clin d'œil les faits et les idées sur toute la surface de la terre !* Qu'il naisse des journalistes comme Armand Carrel, Marrast, Chateaubriand et tant d'autres, ils iront à la solde de ces entrepreneurs obéir et non commander, car point d'argent, point de papier, point d'encre, point de presse !

Telle fut la liberté de la presse sous le régime parlementaire.

De tous les mensonges politiques du dix-neuvième siècle, la *liberté de la presse* est le plus fantastique. Je n'hésite pas à dire que la liberté de la presse, pour moi, c'est le socle de la statue de Pasquin, c'est la gueule du lion de Venise, où chacun, obscur ou célèbre, peut jeter sa pensée, et dont le dépouillement forme avec le *Bulletin des lois* le journal de tous, le journal unique, apposé pour tous aux murailles de la place publique.

Tant pis pour la liberté de la presse si ceci n'est qu'un paradoxe, une chimère d'artiste! car *tout droit* qui n'atteint pas le dernier des citoyens, et dont chacun n'est pas mis à même d'user, est un privilége plus ou moins ingénieusement dissimulé. Au lendemain d'une complication quelconque, il pourra toujours se trouver des gouvernements qui considèrent le privilége comme un danger, et qui disent à la presse : « Vous êtes la sainte-barbe du navire, et je mettrai autour de vous trois rangs de sentinelles. »

XI.

A mesure qu'on avance dans la lecture du livre de M. Guizot, une fatigue particulière s'empare de l'esprit. Malgré le talent de l'écrivain, malgré le souvenir de ce qu'il fut, le regard se lasse au spectacle de ce perpétuel parti pris de colorer la vérité, de grossir les objets. Le tissu de ces intrigues parlementaires, de ces mesquines combinaisons ministérielles, a beau être relevé des broderies dont une main exercée sait les rehausser, l'œil se tend et s'obscurcit à le regarder. M. Guizot à beau, à tout instant, répéter le mot gouvernement; le mot gouvernement, sous sa plume, a toujours l'air d'une fiction. Je ne sais comment il s'y prend, mais la sympathie s'éloigne de son récit. Les faits ne s'y présentent jamais de face. Ils glissent dans un jour douteux. Comme ils n'impressionnent jamais, ils ne laissent rien dans la mémoire.

Quant aux faits qui lui sont personnels, ils sont exposés avec une roideur *orgueilleuse*. Et l'auteur se hâte de les ensevelir dans le fait général.

Il en est un pourtant qui ne manquera pas d'attirer l'attention du lecteur, parce qu'ayant été souvent reproché à M. Guizot, chacun sera curieux de savoir ce qu'il en dit lui-même. C'est du voyage à Gand que nous voulons parler.

Pendant les cent jours, M. Guizot et ses amis suivaient les progrès de cette dissolution de l'empire qui allait une seconde fois livrer sa patrie aux souillures de l'invasion. Quand une bataille tire à sa fin, quand une caravane plonge dans le désert, quand un voyageur blessé ralentit le pas et s'assied épuisé sur les rochers qui bordent la route, on voit au ciel des points noirs. Ces points noirs, ce sont des vautours et des buses.

Hélas! j'ai regret à le dire, mais si dans le voyageur blessé je reconnais Napoléon, ou plutôt ton image sacrée, ô pauvre France, mère des batailles et des longs sacrifices! que puis-je voir dans ce groupe de parlementaires épiant les défaillances du pouvoir, au moment où la patrie en danger, comme aux grands jours de la révolution, réclamait tous les cœurs et tous les bras?

On sait comment Napoléon, tombé dans les *filets du libéralisme* comme un lion dans des rets, se débattait étonné, ne comprenant pas. On demandait à ce génie antique et oriental, à ce père de famille, à cet Abraham de l'autorité nouvelle, les précautions minutieuses d'un esprit ergoteur et procédurier. Et lui, s'indignant avec cette grande et patriotique naïveté : « On me pousse dans une route qui n'est pas la mienne. On m'affaiblit, on m'enchaîne. La France me cherche et ne me retrouve plus.... La France se demande ce qu'est devenu le vieux bras de l'Empereur, ce bras dont elle a besoin pour dompter l'Europe. Que me parle-t-on de bonté, de justice abstraite, de lois naturelles? La première loi, c'est la nécessité, la première justice, c'est le salut public. »

Ce fut à ce moment où le salut public commandait tant de réserve que M. Guizot, envoyé par ses amis, quitta Paris et se rendit à Gand. Il entrevoyait alors, dit-il, le parti que ses ennemis pourraient un jour tirer contre lui d'une semblable démarche; mais il crut que l'intérêt de son pays devait lui faire passer par-dessus la crainte d'une responsabilité personnelle.

Nous ne sommes point l'ennemi de M. Guizot. Le hasard de la naissance nous a tenu trop loin du temps où sa vie publique pouvait nous intéresser, pour que des sentiments d'hostilité personnelle puissent se glisser dans notre appréciation. Nous ne sommes que l'adversaire des doctrines de M. Guizot, et l'ami de son beau talent oratoire et littéraire.

Eh bien, nous n'hésitons pas à le dire, nul prétexte ne peut, selon nous, excuser de tels actes. Le voyage à Gand, dans les circonstances où il fut accompli, c'était la conspiration au dehors et avec l'aide de l'étranger, c'était l'équivalent de ce que fut la trahison de M. de Bourmont et du duc de Raguse. Vainement essayerait-on de colorer de pareils actes d'un semblant d'utilité publique, le bon sens du peuple suffit pour les réduire à leur juste valeur. « Je sais, dit M. Guizot, que beaucoup de ceux qui m'entendront ne voudront ou ne sauront ni me comprendre ni me croire. » Nous vous comprenons très-bien quand vous vous efforcez de justifier ce qui fut la plus grande tache de votre vie publique, mais nous ne pouvons pas vous croire quand vous présentez ce grave oubli du plus saint des devoirs comme un titre à l'approbation des honnêtes gens.

XII.

Voilà M. Guizot à Gand. Il demande et obtient audience du roi Louis XVIII. « Je lui parlai, dit-il, du sentiment royaliste qui de jour en jour éclatait plus vivement dans Paris ; je lui racontai quelques anecdotes, quelques couplets de chansons qui l'attestaient gaiement. Il s'en amusa. Il se plaisait aux récits gais, comme il arrive aux hommes qui ne peuvent guère se fournir de gaieté. » Étrange fournisseur de gaieté, que M. Guizot ! Le baron d'Eckstein avait bien raison de s'écrier : « Que vient faire ici ce jeune homme ? »

Tandis que le futur roi et l'un des futurs ministres qui ont gouverné la France s'égayaient à Gand et attendaient, *ne sachant que faire de leur temps comme de leur âme*, « l'issue de la lutte engagée entre Napoléon et l'Europe » (p. 89), notre dernière armée, la dernière armée de l'idée nouvelle, allait aux champs de Waterloo s'immoler pour la patrie et la *civilisation*.

On sait le reste. Mais puisque nous en sommes au chapitre des justifications, n'oublions pas celle-ci :

« Je dois me répéter à moi-même la rectification d'une erreur (je ne veux pas me servir d'un autre mot), commise sur mon compte à propos des cent jours et de la conduite que j'ai tenue à cette époque. Cette rectification, insérée dans le *Moniteur universel* du 4 février 1844, y est conçue en ces termes : « Plusieurs journaux ont récemment dit ou répété » que M. Guizot, ministre des affaires, qui fut » secrétaire général du ministère de l'intérieur en » 1814 et 1815, avait conservé ces fonctions dans » les cent jours, sous le ministère du général comte » Carnot, nommé ministre de l'intérieur par décret » du 20 mars 1815, qu'il avait signé l'acte addi- » tionnel et qu'il avait été destitué. L'un de ces » journaux a invoqué le témoignage du *Moniteur*. » Ces assertions sont complétement fausses, » dit M. Guizot.

Il paraît qu'un certain Guizot, chef de bureau à cette époque, aurait donné lieu à cette méprise, à ce qu'explique M. François Guizot.

Malgré cette explication et cette note, M. de Lamartine et M. de Vaulabelle, dans leurs *Histoires de la Restauration*, ont persisté dans la première version.

Nous avons parfaite souvenance, pour notre compte, d'avoir lu dans une brochure intitulée : *le Cabinet du 29 octobre*, *la Chambre*, *le prochain Ministère*, et qui paraissait émaner de l'officine de M. Molé, une allégation plus grave encore. Il était dit dans cette brochure que la signature de M. Guizot au bas de l'acte additionnel avait été dissimulée sous une tache d'encre.

Ceci rappelle la querelle de M. Courier avec l'abbé Furia, de ridicule mémoire, à propos de la tache d'encre du manuscrit de Longus. A l'instar de M. Didot, dans sa belle édition des œuvres de Paul-Louis Courier, M. Guizot aurait pu mettre parmi les pièces justificatives de son livre un fac-simile de la tache d'encre de l'acte additionnel, si tache d'encre il y a.

Voilà jusqu'où descendent en politique les questions de personnes. Pour nous qui tenons en parfait mépris ces infimes moyens de lutte et qui n'en voulons qu'aux idées, nous croyons que la faute grave, impardonnable, irrémissible de M. Guizot et de ses amis, fut d'avoir mal vu, mal compris la révolution, mal interprété ses conséquences et tiré de ce vaste mouvement de l'esprit national en France une interprétation diamétralement opposée aux lois générales de la philosophie de l'histoire et aux aspirations particulières du peuple français.

Selon nous, l'individu comme la société, quels que puissent être la condition du premier, le pacte ou le contrat qui régit la seconde, sont l'un et l'autre dominés par un principe supérieur, le principe d'autorité. Dans l'homme, la conscience établit la loi, et nul n'enfreint impunément cette autorité intérieure. Dans la société, tous les organes vitaux qui constituent l'archie sont des propriétés évidentes du même principe supérieur auquel nous donnons, faute de mieux, le nom d'*autorité*. Les libertés publiques elles-mêmes ne sont, à les bien examiner, qu'une collection de libertés individuelles offertes en holocauste à la nécessité sociale. Ce n'est donc qu'en vertu du principe d'autorité que l'homme s'améliore, se développe et acquiert cette supériorité de puissance et de connaissance, qui est la vraie liberté sociale.

Or il y a des époques qu'une école célèbre nomme avec esprit *époques critiques;* 1789 fut une de ces époques. La société française, ayant perdu le principe d'autorité sur lequel elle vivait, et s'étant débarrassée par une sorte de mouvement expansif de tout ce qui l'embarrassait dans l'accroissement de vie qu'elle venait de prendre, aspire par un mouvement contraire à trouver le principe d'autorité compatible avec ses besoins nouveaux.

Tandis que vous poursuiviez la réalisation de votre chimérique formule, l'*ordre et la liberté*, par le régime parlementaire en France, la France recherchait simplement ce nouveau principe d'autorité qui devait suffire à l'*ère industrielle et démocratique* dans laquelle elle se précipitait. Et de toutes parts ce principe fécond se dégageait. Il se dégageait de la théorie des penseurs, comme de l'humble mécanisme de l'organisation d'un chemin de fer ou d'un système de banque : aveugles qui ne le voyaient pas. Vous fûtes ces aveugles, et c'est pourquoi vous êtes tombés.

Et quand vous attaquez Napoléon avec des rancunes qui datent de votre voyage à Gand, vous ne voyez pas que ce qui fit cet homme grand entre tous, c'est qu'il eut cette conscience suprême de l'alliance de la démocratie et du principe d'autorité moderne, c'est que cette loi nouvelle bien ancrée sous la dure-mère de son crâne lui donna la force de poser presque toutes les bases sur lesquelles est assise aujourd'hui la société française. Et vous voilà chassant la petite bête dans les forêts de ce grand homme. On ne mesure pas Napoléon à l'aune de M. de Blacas ou de M. de Montalivet, et l'on n'ajoute pas au nom vénéré du grand citoyen Carnot l'impertinente qualification de *fanatique badaud*. (P. 73.)

On voit par tout ce qui précède où peut aller une idée fausse poussée jusqu'à son complet épanouissement. Nous assisterons à la consommation des malheurs d'un peuple égaré par des penseurs épris de théories étrangères, incompatibles avec son génie, ses mœurs et ses vraies destinées.

XIII.

Quand la messe est dite, le sacristain entre dans le temple et, un à un, éteint les cierges de l'autel. Le sacristain des danses macabres erre sans cesse sous les arceaux de ces vieux édifices qui voudraient encore abriter les croyances des générations nouvelles, et qui n'intéressent plus que la science de l'historien et la curiosité de l'archéologue.

Vêtu du blanc suaire qui flotte sur ses épaules, il erre sans cesse, lui qui met l'ordre et la paix sur la terre, il erre tournant çà et là son museau décharné que dilate l'éternel et ironique rire de la mort. Et de son vaste éteignoir, qui atteint jusqu'aux plus hauts gradins, il coiffe les cierges oubliés, et dit comme le prêtre, aux retardataires qui s'obstinent à demeurer dans le parvis désert : « *Ite, missa est.* »

Ainsi finit l'équivoque parlementaire qui, depuis soixante années, trouble et agite ce pays amoureux d'aventures.

Rien de ce qui dérange l'élaboration de la société nouvelle n'a aujourd'hui chance de prévaloir. C'est un fait remarquable et particulier au régime actuel, tout ce qui jadis eût livré à des émotions éperdues l'imagination mobile de ce peuple semble aujourd'hui, par une loi contraire, tendre à calmer les âmes. Il y a au fond de ce règne, soit par l'habileté du souverain et des hommes d'État qui l'assistent, soit par un heureux concours de circonstances conditionnelles, je ne sais quel fonds d'apaisement, de pacification, qui tend de plus en plus à prévaloir.

Sous le règne du roi Louis-Philippe, le moindre incident public ou privé, l'affaire Pritchard ou l'affaire du marquis de Praslin, la représentation d'une pièce de théâtre, un fait divers, un mot de tribune ou de chaire, quelque souffle traversant l'espace, tout devenait éclat, bruit, tumulte, et menaçait le royaume d'une explosion soudaine.

Sous le régime actuel, nous avons eu des congrès, des guerres, des dissentiments avec de puissantes nations, et quand les pessimistes imbéciles qui chaque jour et sous tous les régimes s'en vont répétant : « C'en est fait; voici la fin! » quand les misérables, qui ne craignent pas de fonder une espérance sur les malheurs de la patrie, répétaient *ore rotundo*, au coin des rues et des carrefours : « Cette guerre va embraser l'Europe entière; ce différent va allumer l'incendie qui dévorera le trône impérial; de ce congrès, comme de la boîte de Pandore, vont s'échapper mille fléaux, mille questions complexes, dont la moindre suffit à bouleverser l'Europe, » le lendemain les nuages s'étaient dissipés, et, comme un beau soleil du matin qui brille sur un paysage mouillé, la paix, la sécurité, le dénoûment heureux des complications, apparaissaient soudain et rassérénaient les esprits.

Ce fait, que chacun a pu observer et constater, a une autre cause que ce qu'on nomme le *bonheur*. Il est même supérieur, selon nous, à l'habileté, au génie gouvernemental.

Il est l'heureux résultat d'une insigne bonne foi dans l'art de gouverner et d'une bonne volonté égale à cette bonne foi.

Il a existé en France des gouvernements qui, laissant à la presse une latitude plus étendue que celle dont elle jouit aujourd'hui, à la tribune plus d'espace et de retentissement, avaient par cela même les apparences d'une espèce de soumission aux décrets de l'opinion publique.

Ceci ne fut qu'une apparence.

La presse ne représentait que les intérêts de quelques capitalistes et des chefs de quelques factions.

La tribune n'était ouverte qu'à des privilégiés. Et ce qu'on prenait alors pour l'opinion publique n'était que l'opinion de ces capitalistes et d'une majorité parlementaire.

La vie, les sentiments, les opinions du pays n'étaient ni étudiés, ni consultés, ni comptés.

Ce qu'il y a de remarquable aujourd'hui, c'est

au contraire de la part du gouvernement une sollicitude singulière pour cette classe oubliée des anciens régimes, une attention religieuse à écouter la voix des foules et à satisfaire à toutes ses légitimes demandes.

Toutes les fois que le gouvernement actuel s'est aperçu qu'il s'engageait dans une voie défavorable ou qu'il dépassait le but, avec une admirable simplicité, il n'a jamais hésité à revenir sur ses pas. Mettant de côté tout amour-propre, tout esprit d'entêtement, il a rectifié dans le sens de l'opinion la ligne politique qu'il avait cru devoir suivre.

Jamais l'opinion publique n'a été plus consultée, plus obéie qu'aujourd'hui.

La presse elle-même, sinon le journalisme, jouit d'autant de liberté qu'en peuvent souhaiter, dans le temps présent, les esprits sérieux et positifs. Tout le monde peut exprimer ses idées, pourvu que sous l'exposition des principes ne se cache pas un système d'*opposition allusionnelle*, une tactique déguisée, mais dont le but n'est autre que le renversement du gouvernement.

Le gouvernement impérial se défend, rien de plus.

Et à mesure que les esprits se pacifieront, que les factions verront disparaître les agitateurs chargés d'entretenir leurs passions, à mesure que le sacristain providentiel aura fait son œuvre, le peuple de France sentira un air plus vif circuler autour de lui. Le souffle de la liberté agitera encore les plis de son drapeau. Et il s'apercevra, ce bon et noble peuple qu'on voudrait égarer, il s'apercevra que l'étreinte gouvernementale qui l'enveloppe n'est qu'une étreinte d'amour et de paternité.

XIV.

On pardonne à la jeunesse d'avoir, dans un jour d'enthousiasme et d'erreur, armé sa main et semé le trouble sur la place publique. Son sang a expié son crime. On pardonne au poëte ivre de patriotisme des distiques imprudents. On pardonne au folliculaire affamé l'insulte de la faim et l'injure du désespoir.

Mais que des hommes d'État dont les fautes ont causé les malheurs de la patrie n'aient cessé, depuis le jour de leur chute, de conspirer d'abord contre la seconde république et plus tard contre le second empire, que tant de flots de sang répandus sous leurs yeux n'aient pu les émouvoir, qu'au risque de ramener, avant de quitter ce bas monde, les mêmes épouvantes et les mêmes horreurs, voilà ce qu'on ne saurait excuser ni concevoir. Fussent-elles sans danger à l'intérieur, ces instigations encouragent à l'extérieur les passions hostiles. Elles font rêver au régicide les palmes romaines et littéraires de Brutus. En politique tout s'enchaîne. La plume est un poignard, la parole un glaive.

On rapporte que M. de Talleyrand, aux derniers jours de sa longue carrière, prononça à l'Institut un discours dans lequel il comparait la diplomatie à la théologie.

Sans trop approfondir un rapprochement qui prête matière à des interprétations si diverses, on peut s'arrêter à l'idée générale d'une unité qui frappe les regards du politique comme ceux du théologien. Les nations, comme les fils de Noë, se partagent la terre. De leurs intérêts, de leurs passions, naissent des conflits qui constituent le drame de la politique du globe. Mais le moindre des faits qui s'accomplit se rattache toujours, aux yeux de l'observateur exercé, à cette unité d'action qu'il est si important de constater toutes les fois qu'à l'instar du navigateur, l'homme d'État croit utile de relever le point et de consulter la carte.

En se plaçant à ces hauteurs si favorables pour la raison et l'impartialité, l'attentat du 14 janvier, quelque épouvantable qu'il soit, n'apparaît plus que comme un incident dont il importe surtout de rechercher la cause. La justice a fait son œuvre; la politique a aussi son enquête à accomplir.

On ne se propose pas ici d'essayer de ramener une querelle regrettable entre deux nations faites pour s'estimer et pour vivre dans de bonnes relations de voisinage. Dans l'État actuel du monde, toute querelle entre l'Angleterre et la France est un péril pour la civilisation. L'alliance anglo-française domine les intérêts dynastiques eux-mêmes. C'est une affaire entre peuples, non-seulement dans un intérêt industriel, mais encore au nom des principes les plus élevés qui président à la politique des nations.

Cette réserve nous permettra tout à l'heure d'envisager plus librement notre sujet.

Hâtons-nous même d'ajouter encore à ce qui précède une observation conciliante : l'Angleterre n'est que par un enchaînement de circonstances bien indirect mêlée à la question qui a surgi à la suite de l'attentat. Les conspirations qui ont éclaté en France et ailleurs ont eu deux causes immédiates : 1° les haines accumulées par la violence des révolutions en Europe depuis 1848; 2° la sourde excitation de fanatiques suscités par les partis vaincus et des hommes d'État du passé qui ne peuvent se résigner à la retraite.

L'Angleterre n'a pu former ses mœurs et sa législation en vue d'incidents qu'elle ne devait point prévoir. Elle s'est trouvée, par sa constitution et par sa puissance, le seul point de l'Europe sur lequel les réfugiés politiques des diverses nations étaient certains de trouver un asile inviolable. De ce milieu plein de malheurs et de passions exaspérées, des assassins étrangers se sont détachés et sont venus ensanglanter le pavé de Paris. C'est un fait qui aurait pu se produire partout ailleurs, qui n'est pas absolument imputable à l'Angleterre, et dont la conséquence est de soulever un point de droit international tout à fait nouveau et qui touche aux considérations les plus hautes.

Il n'est plus en effet question des assassins, le glaive de la loi les a frappés. Il s'agit de remonter plus haut, de remonter à la cause qui leur a permis de s'armer. Cette cause, c'est la mansuétude, l'intolérable abus, si l'on veut, de la législation anglaise. Est-il possible de souffrir désormais que dans le concert européen une nation se régisse par des lois qui permettent aux criminels d'État des autres nations de s'abriter derrière ses frontières, d'y tramer leurs complots et de s'abattre du haut de cette aire inviolable comme des oiseaux de carnage sur les divers points de l'Europe?

Ainsi fut posée la question dans l'esprit du gouvernement français. Et l'on se plaît à constater que la conscience publique, celle que n'égare pas l'esprit de parti, inclina vers cet avis.

Mais puisqu'il s'agit de remonter aux causes fatales qui arment le bras des assassins et menacent les dynasties, on n'hésite pas à dire qu'elles sont de deux natures fort différentes.

Sans doute, on est en droit de dire au gouvernement qui tolère dans son sein une cour de miracles de régicides et de conspirateurs :

« Vous ouvrez trop aisément votre porte. Des malfaiteurs du roi, votre voisin, viennent chercher asile chez vous. Il vous arrivera quelque mauvaise affaire ! » Mais à côté de cette responsabilité, il en existe une autre qui remonte plus haut.

Si l'assassin est Italien ou Hongrois, l'Autriche n'a-t-elle aucun compte à rendre?

S'il est Polonais, demandez à la Prusse, à la Russie, et encore à l'Autriche.

S'il est Finlandais, demandez à la seule Russie.

S'il est du Holstein ou du Lauenbourg, demandez au roi de Danemark.

S'il est Grec d'Albanie, de Bosnie ou de Constantinople, demandez au sultan.

S'il est Indien ou Ionien, demandez à l'Angleterre.

S'il est du Texas, demandez aux États-Unis.

S'il est nègre, demandez au maître de l'esclave !

Mais on tient ceci pour certain, c'est que si l'assassin était parti de Vienne, de Berlin ou de Pétersbourg, l'ambassadeur de France auprès des cours d'Autriche, de Prusse ou de Russie, eût rencontré devant ses légitimes réclamations autant de résistance que M. de Persigny en a trouvé à Londres.

Ce qui engendre les assassins politiques, c'est

qu'il s'est fait en 1815 un pacte contre la Révolution française.

Ce qui crée les résistances aux justes réclamations de la France dans les points de droit international, c'est qu'il y a chez les rois de l'Europe deux poids et deux mesures ; un poids et une mesure pour les affaires qui les concernent entre eux, un poids et une mesure quand il s'agit de la France, depuis que la France est gouvernée tantôt par des républiques, tantôt par des monarchies constitutionnelles, tantôt par des Napoléon issus du suffrage universel.

Ceci apparaîtra plus clairement encore lorsqu'on aura analysé la politique de la France en regard de celle des autres peuples, et caractérisé en particulier la politique de l'empereur Napoléon III vis-à-vis de l'Europe.

Où est en effet la part de la France dans la Pologne partagée, dans la Grèce diminuée, dans la Hongrie asservie, dans les principautés inféodées, dans la Finlande absorbée, dans les duchés incorporés, dans l'Italie lacérée, asservie par cette maison d'Autriche, qui, selon l'expression de Joseph de Maistre, est un si grand ennemi de l'humanité [1] ?

Tout le monde a sa part du pillage des nations : l'Angleterre, la Russie, la Prusse, l'Autriche,

[1] *Mémoires politiques et correspondance diplomatique* de J. de Maistre, avec explications et commentaires historiques par Albert Blanc. Paris, 1858.

l'empire ottoman lui-même. Et la France, qui a tout conquis, ne possède pas même les frontières du Rhin et de l'Escaut.

Empire et démocratie, la France est un principe. Les rois de l'Europe sont vis-à-vis d'elle comme des gentilshommes de l'ancien régime en face de la Révolution. Seulement la Révolution commença par les frapper, aujourd'hui elle les concilie, les juge, les persuade et les sauve, tout en obtenant d'eux ce que les intérêts les plus impérieux des peuples exigent.

Si la coalition, dans ses rêves ténébreux, a jamais entrevu la refonte de la carte de l'Europe et le retour au régime de l'ancienne monarchie et de la féodalité combinées; si, dans cette vision, l'image d'une France lacérée comme la Pologne, comme la Hongrie, comme la Suède et les peuples conquérants et conquis des frontières de l'Europe vers l'Asie, avait frappé ses regards, elle eût reculé d'horreur. L'Europe elle-même, à cette mutilation de la France, eût perdu sa figure, son génie, son centre de gravité.

En effet, si la France, après tant de conquêtes, n'a pas élargi son territoire, c'est qu'elle n'a évidemment accompli que la conquête des esprits. Elle a joué, au moment de ses plus hautes ambitions ou de ses plus grandes crises, un rôle inouï de générosité, de désintéressement.

Les rois lui reprochent d'être une démocratie;

mais c'est précisément parce qu'elle est une démocratie, parce qu'elle est avant tout un principe qu'elle a pu jouer ce rôle. Elle a pu, en quelque sorte, intervenir, au nom de la civilisation, entre les peuples et les rois, en introduisant le goût des réformes, la conscience de la justice, d'admirables modèles de réalisation de progrès dans ses codes et ses institutions.

La France a été, est et sera un juge. Dans sa politique et dans ses guerres, elle rend la justice. L'Angleterre se bat pour commercer, la Russie pour s'agrandir, l'Autriche pour conserver, la Prusse et la Turquie pour se défendre. La France se bat pour l'honneur, pour le bon droit, pour la raison, pour l'équité.

Napoléon III monte sur le trône. Il entre pur dans la question extérieure. Pendant dix-huit années la France semblait redescendre à ces périodes d'abaissement dont Louis XIV et Richelieu tirèrent la nation. Le prisonnier de Ham n'était pour rien dans les complicités d'un régime qui cherchait à faire pardonner son existence. Aucune tache ne rejaillissait de ce blâme universel qui, de tous les salons de l'Europe, reprochait à Louis-Philippe de ne pas avoir passé le Rhin et les Alpes.

Aussi quand Napoléon III monta sur le trône, il put renouer le fil interrompu de nos grandes traditions politiques, telles qu'elles apparaissent sous le règne de Louis XIV et sous celui de Napoléon Ier. Si l'Europe avait pu croire, en 1830, à un bouleversement général, combien ne devait-elle pas le redouter de 1848 à 1852!

Napoléon III fut donc entre la France et l'Europe un véritable médiateur. Nul doute que, le coup d'État accompli par un prince du sang des Bourbons, la joie n'eût été jusqu'au délire. Vis-à-vis d'un Napoléon on pouvait se passer d'avoir de la reconnaissance. La presse anglaise salua même de ses insultes l'avénement du souverain, qui pourtant allait bientôt contenir la Russie aux rives du Bosphore et de la Baltique et empêcher peut-être la ruine définitive de l'Angleterre dans l'Inde, c'est-à-dire lui sauver la vie et du même coup sauver les civilisations occidentales.

Le rôle de Napoléon III devant l'Europe apparaît clairement dans cette noble guerre où la France, dans une parfaite communion de patriotisme avec son souverain, versa son or et son sang pour la cause de la justice. En montrant l'épée de la France dans la mer Noire et dans la Baltique, Napoléon III fit non-seulement acte de générosité, mais de génie politique. Il portait remède à ce mal profond signalé par M. de Vergennes dès le règne de Louis XVI. Il fermait l'ère des réalisations du testament de Pierre Ier, et terrassait la Russie moins par les victoires de Sébastopol et de Bomarsund, que parce qu'il lui prouvait qu'elle était comprise. Or, toutes les fois que la politique de la Russie sera comprise, elle sera, par ce seul fait, réduite à l'impuissance.

Sans doute, dans les impatiences et les générosités, de notre jeunesse, nous avons pu regretter que ce duel de l'idée démocratique et de l'idée czarienne eût lieu dans le champ clos de la Crimée. Sans doute, nous avons frémi pendant ce long siége, en songeant à l'immense carrière ouverte à nos aigles si l'Empereur, au lieu d'imposer à nos régiments les bornes d'un terrain choisi, les eût jetés par les Principautés sur la grande route de la guerre des nationalités.

Son rôle ne nous apparaissait pas encore alors. Nous accusions M. Drouin de l'Huys à Paris, M. de Bourqueney à Vienne, de chercher à faire endosser à Napoléon III l'habit de Louis-Philippe. Et peut-être ne nous trompions-nous pas.

Mais l'empereur Napoléon III ne prit de cette tactique que ce qui convenait à ses vues ultérieures, et levant soudain, dans l'affaire de Neufchâtel, le voile d'une politique profonde qui échappa tant de fois à la perspicacité des observateurs, il apparut sous son véritable aspect.

Napoléon III était le *grand juge de paix* de l'Europe.

Il ne se laissa entraîner dans ces délicates circonstances ni sur la pente des réactions, ni sur celle des aventures. Il écouta les intérêts dynastiques, prêta l'oreille à ceux des peuples, fit à chacun une juste part, reculant ou avançant avec une rare bonne foi, avec une probité plus rare encore, chaque fois qu'il avait donné trop ou trop peu d'espérance, et trouvant enfin une balance équitable entre des intérêts irréconciables et des peuples prêts à s'entr'égorger.

Dès lors la guerre de Crimée s'éclaire; le sens de ces grands sacrifices, si stériles en apparence, se dégage. Viennent les complications des Principautés, la question de l'union, cette politique sera complète. On pourra la juger, la définir. Ici encore le même génie équitable apparaît, pesant d'une main les aspirations de cette fille cadette des nationalités, de l'autre les droits de suzeraineté de la Porte, consultant les principes de la civilisation moderne qui introduit le droit des peuples dans le code du droit des gens; tenant compte de la question politique et géographique et comprenant l'importance qu'il peut y avoir pour les intérêts de la France à ce que cette clef de voûte des Principautés se fortifie et reste intacte entre l'Europe et l'Asie, entre la Russie, l'Autriche et l'empire ottoman.

Sans doute une telle conduite ne satisfera ni les ambitions qu'elle contient, ni les impatiences qu'elle n'apaise qu'à demi, mais elle impose par sa sagesse et par son équité.

Elle ne ferme pas d'ailleurs l'étude des questions d'où naissent toutes solutions; elle ne préjuge point l'avenir. Au contraire, elle ouvre, pour ainsi parler, un protocole général à tous les publicistes de l'Europe. Jamais en France, notamment, tant de clarté n'a été répandue sur ces faits extérieurs dont la connaissance avait été négligée jusqu'alors. Jamais les esprits n'ont pris tant d'intérêts à ces vastes débats. Sur ce point de grandes latitudes ont été laissées à la presse française, de sorte que la liberté de la pensée, arrachée aux mesquines intrigues parlementaires, aux questions de cabinet, a été transportée dans les hautes sphères où l'envergùre de ses ailes peut se déployer à l'aise.

C'est par de telles préparations que les richesses et la chair des peuples ne seront plus sacrifiées un jour au hasard des batailles, et que l'épée ne sera plus obligée de solder les comptes de l'ignorance.

Ce que la démocratie a gagné à cette attitude de Napoléon III, l'histoire, plus impartiale que les contemporains, le constatera un jour. Les détracteurs du régime actuel, les utopistes vaincus, les doctrinaires ou les révolutionnaires sans mesure, ne voient que ce qu'il reste à faire et non ce qui s'est accompli. Ils ne comprennent pas la puissance de ce fait : que la démocratie, par l'organe de Napoléon III, est devenue juge et arbitre des grands litiges européens. Les rois gentilshommes de l'Europe, placés ainsi en face de l'empire et de la démocratie, pourront garder secrètement les deux poids et les deux mesures dont nous parlions plus haut; ils pourront, comme ce ministre autrichien, étonner le monde par la grandeur de leur ingratitude; mais nous avons cette confiance inaltérable que tout cela restera dans le secret de leur cœur. Aptes à tous les genres de guerre, nous pouvons nous reposer sur la force de nos plumes et de nos baïonnettes. Nous pourrions nous permettre des imprudences; quelle ne doit donc pas être notre force, alors qu'une politique haute et sage ménage et distribue nos forces, et préside à nos destinées, sans étouffer, comme en 1815 et en 1830, les aspirations de notre génie politique!

En examinant le rôle nouveau, profondément original, créé par Napoléon III devant l'Europe, en voyant, par le génie de son souverain, la France de la Révolution, la France qui fut un cri, qui fut un glaive, devenir la *Justice de paix* des peuples et des rois, les haines de 1815 ne seraient plus seulement odieuses et méprisables. Elles ne seraient qu'une bêtise et un ridicule.

A l'intérieur, ceux qui aimaient les anciennes dynasties pour les gages de paix qu'elles offraient doivent se trouver bien satisfaits d'un régime qui non-seulement la conserve, mais encore la confère. Quant aux patriotes, à la jeunesse, aux penseurs, devant cette suprême transfiguration de la démocratie devenue la justice, ils pourront se consoler des regrets du gouvernement anonyme. Mieux vaut la démocratie avec un Napoléon, que la république avec un comité de la rue de Poitiers, Loyola au ministère, Gil Blas à la tribune, et madame de Pompadour à l'hôtel de ville.

XV.

Nous disions en commençant cette esquisse d'une philosophie de la légende impériale : « La démocratie peut avoir un jour son siècle de Louis XIV. »

Ce jour est venu, ce siècle commence. Les faits vont l'attester.

Depuis l'insurrection du 6 octobre 1789, qui ramena la famille royale dans les murs de Paris, les splendeurs de l'ancienne société française ont été ensevelies sous les ruines. Une splendeur nouvelle, inconnue, incomprise pendant la première moitié du dix-neuvième siècle, se dégageait lentement. La Révolution lui donna l'égalité, Napoléon Ier lui donna la gloire. Mais jusqu'à la naissance du second Empire, l'ancien régime pouvait encore insulter au triomphe de la démocratie, nier sa puissance pour l'accomplissement des grandes choses. Elle pouvait, lui montrant d'une main Versailles, de l'autre le

Louvre inachevé, un prolétariat sans garanties contre la misère, le chômage et la vieillesse, lui dire : « Vous n'êtes qu'un vain mot. Vous avez servi de prétexte à l'agiotage, à la cupidité des classes moyennes; le prolétariat, c'est-à-dire l'immensité du peuple, végète sous l'oligarchie bourgeoise. Mieux valait pour elle vivre sous la paternité féodale. Vous n'êtes point une ère nouvelle. Toute ère nouvelle se reconnaît à des signes certains et considérables, qui laissent une longue trace sur la terre. Où sont vos monuments? Où sont vos institutions mères en faveur du peuple? Où est votre symbole? La seule majesté des souvenirs de l'ancienne royauté suffit pour écraser votre démocratie mesquine, égoïste, hypocrite, remuante, intrigante, sans passé, sans présent, sans avenir, et qui n'est en réalité que le droit du plus fort et du plus rusé, masqué sous des formules libérales et économiques, qui sont la graine de niais dont on empâte la multitude ignorante et souffrante. »

Ainsi pouvait s'exprimer la contre-révolution, ne tenant compte ni de nos codes, ni de notre histoire militaire, dont les ossements blanchis des soldats citoyens ont scandé les chapitres à travers les plaines du continent.

Mais aujourd'hui ces paroles tomberaient sur le sol comme un grain stérile. Cherchez dans la poussière des bibliothèques les archives de ce règne qui plana sur la France jusqu'à la Révolution. Vous y trouverez de grandes institutions sans doute. Louis XIV songea au vieux soldat et créa les Invalides, au vieux matelot et inaugura le régime des classes. Mais avant le second Empire, qui donc, par des institutions, et non par de vaines paroles, avait songé au vieux peuple? Aujourd'hui la démocratie, comme autrefois le moyen âge, a trouvé son pacte dans les institutions de mutualité et de garantie pour les derniers jours du prolétaire et pour le prolétariat de l'armée[1].

Elle a trouvé aussi son symbole architectural dans Paris reconstruit et dans ces monuments achevés.

Aujourd'hui Versailles n'a pas beaucoup plus d'attrait pour nous que n'en ont les ruines de Memphis. L'unique intérêt qui s'attache encore à cette nécropole de l'ancienne monarchie est de servir de point de comparaison avec l'ordre nouveau. Les pierres parlent aux multitudes une langue muette, mais intelligible parce qu'elle frappe les sens.

Depuis l'achèvement du Louvre, Versailles reste à peine un musée. C'est surtout une caserne et une écurie.

Allez, contempteurs du présent, allez errer dans ces rues vastes et solitaires où chaque pavé s'en-

[1] La médaille militaire et la retraite accordée aux sous-officiers sont, par rapport à l'armée, une véritable application des principes démocratiques.

cadre de verdure, visitez ces places mornes, cette grande cour de marbre où les statues ont l'air d'appartenir à des tombeaux, promenez-vous dans ce parc tracé par le Nôtre et dessiné de façon à faire valoir la noblesse des habits de cour, penchez-vous vers l'eau morne de ces bassins, et quand, durant une journée entière, vous aurez bravé l'ennui solennel de cette ville, de ce palais, de ce parc endormis, secouez la poussière de vos pieds, rentrez dans Paris, visitez ses boulevards élégants, ses vastes rues où tout un peuple se meut, ses squares enchanteurs, son parc féerique du bois de Boulogne, son Louvre si vivant, vrai palais de ce noble peuple; — alors un grand enseignement surgira pour vous.

Vous verrez ce qui sépare l'œuvre de Louis XIV de l'œuvre du souverain de la démocratie; vous serez frappé du caractère égoïste de cette grandeur de l'ancienne monarchie.

Quel dédain, quel orgueil dans l'édification de ce palais immense qui s'élève à l'écart! Pour qui ce vaste parc qu'on ouvre à peine à cette population rare et timide? Cette forêt qui tombe au caprice d'un roi, cette machine de Marly qui coûta la vie à tant de malheureux, quel bien le peuple en retirera-t-il?

C'est qu'à Versailles, sous le règne de Louis XIV, tout se fit pour le roi, et qu'à Paris, au XIXe siècle, sous le règne de Napoléon III, tout s'est fait pour le peuple. Le prolétariat, qui a élevé le Louvre, n'a pas élevé l'habitation du prince. Il a fait un palais pour son propre usage, pour la gloire et l'utilité nationale. D'un côté sont d'utiles bureaux, de l'autre ces belles galeries ouvertes chaque jour et qu'il parcourt à ses heures de repos. Il a fait les grands terrassements des parcs des bois de Boulogne et de Vincennes, mais il viendra s'y promener le dimanche en habits de fête avec sa femme et ses enfants, comme l'Empereur lui-même, et il aura la joie de jouir de son œuvre, de dire à ses amis : Moi j'ai planté cet arbre, moi j'ai creusé ce ruisseau. Ces boulevards, ces rues que ses mains industrieuses ont ouvertes au signe du souverain, à qui seront-ils? Les quartiers du pauvre ont-ils aujourd'hui quelque chose à envier aux quartiers opulents ?

Après avoir touché le salaire de ces grands travaux, le peuple aura en outre cette satisfaction de savoir qu'il a travaillé pour lui-même et non pour les délices d'un monarque blasé !

L'étroite alliance de l'Empire et de la démocratie éclate dans ces simples faits qui frappent tous les regards et parlent à tous les cœurs. Là gît la force, là gît la grandeur de ce règne, le premier qui ait été marqué par ces signes éclatants de justice et de paternité. L'âme tendre et affectueuse du souverain se traduit dans de tels actes. Il rêve non-seulement à l'éducation, à la moralisation du peuple par l'enseignement et le bien-être, par la sécurité dans le présent et dans l'avenir, mais encore par l'élégance et la délicatesse qu'il introduit dans les plaisirs des classes laborieuses. Ce que le plus grand monarque de l'ancien régime fit pour sa noblesse de cour, il le fait pour le paysan, pour l'ouvrier, pour le soldat, pour le bourgeois, pour quiconque enfin veut s'asseoir au banquet. Comme le grand roi il trouva la France humiliée, troublée; il releva sa gloire nationale, la pacifia, mais il la fit grande, forte, paisible et prospère pour le peuple, et non pour ses courtisans.

Napoléon III sera dans l'histoire le Louis XIV de la démocratie.

FIN.

TABLE DES MATIÈRES.

www.ingramcontent.com/pod-product-compliance
Lightning Source LLC
Chambersburg PA
CBHW071636270326
41928CB00010B/1947
* 9 7 8 2 3 2 9 2 2 9 8 9 8 *